未来不能没有马克思

解构主义的马克思主义研究

武晓超◎著

华夏出版社
HUAXIA PUBLISHING HOUSE

图书在版编目（CIP）数据

未来不能没有马克思：解构主义的马克思主义研究 / 武晓超著 . -- 北京：华夏出版社有限公司，2020.9

ISBN 978-7-5080-9828-9

Ⅰ . ①未… Ⅱ . ①武… Ⅲ . ①马克思主义哲学 – 研究 Ⅳ . ① B0-0

中国版本图书馆 CIP 数据核字（2019）第 167647 号

未来不能没有马克思：解构主义的马克思主义研究

作　　者　武晓超
责任编辑　赵　楠
美术设计　殷丽云

出版发行　华夏出版社有限公司
经　　销　新华书店
印　　装　北京九州迅驰传媒文化有限公司
版　　次　2020 年 9 月北京第 1 版
　　　　　　2020 年 9 月北京第 1 次印刷
开　　本　880 × 1230　1/32
印　　张　6
字　　数　120 千字
定　　价　68.00 元

华夏出版社有限公司　网址：www.hxph.com.cn　地址：北京市东直门外香河园北里 4 号　**邮编：**100028

若发现本版图书有印装质量问题，请与我社营销中心联系调换。电话：（010）64663331（转）

目　录

导 论

一、研究缘起

哲学（philosophy）和形而上学（metaphysics）的名称起源及相互关系，并不是简单的词形、语义分析就能参透其中的奥妙玄机的。哲学同形而上学的渊源关系远可以上溯到苏格拉底、柏拉图和亚里士多德时代。在亚里士多德的“物理学之后”的意义上，形而上学获得了和哲学一样的指称意义。然而，在近代哲学中，“形而上学”逐渐发展出更为丰富和复杂的含义。近代形而上学的发展特征之一，就是它逐渐与主体、理性、在场等概念更多地联系在一起。无论是从古代哲学到近代哲学的历史发展，还是从哲学到形而上学的语义辨析，形而上学在哲学的发展历史上像是难以摆脱的幽灵，一直缠绕着哲学家们的哲学思想。

形而上学的重要地位甚或统治地位不仅表现在同哲学的关系上，还表现在社会生活方面。这一统治地位是通过它对语言以及各种符号的作用表现出来的。当然，这一观点来自现代哲学中“语言学转向”带来的新发现，即语言并不只是人类社会的产物，还参与了人类社会的形成和发展，并在此后的社会生活中潜在地影响和支配着人类生活的各个层面。

“语言学的转向”带来的思考还涉及文本阐释同历史发展之间的契合与悖谬的关系。正是在历史和文本互阐互释的可能条件下，本文才将德里达的解构哲学同马克思哲学的历史批判加以比较讨论。由于语言作为人类社会的独特现象，以及它在人类生活中的普遍作用和特殊功能，探讨人类历史规律的社会哲学和历史哲学，也积极借鉴和发挥了语言学的研究成果和结论。试举两例：一是“叙事”哲学的兴起，利奥塔将黑格尔哲学、马克思哲学等，称为历史的宏大叙事，主张后现代哲学应该向“微小叙事”转变，把历史经验和历史规律的探讨放置到文本环境中。二是关于语言和文化霸权的讨论。无论是西方马克思主义的“法兰克福学派”和葛兰西的实践哲学，还是列维·斯特劳斯的文化人类学，以及德里达的解构哲学，等等，都表现了西方现当代哲学家成功运演语言哲学、文化哲学，积极探讨历史政治问题的新思维。

关于“语言学转向”或者任何哲学的转型或转向等说法，并不为所有的哲学研究所接受。而语言学在现代哲学史上的重要理论贡献甚至也未有明确的共识。这主要归结于语言学作为哲学的一个分支领域，既不能涵盖现代哲学流派纷呈的多样思想，甚至不能概括现象学运动、存在主义哲学、分析主义哲学等“显学”的主要内容，也未能决定现代哲学发展的方法基础和逻辑路线。但是，语言哲学以及文化哲学的兴起，毕竟开启了哲学研究的新领域和新内容，而且引发和伴随了现代哲学、后现代哲学此起彼伏的演进历史。总结语言学及文化哲学的创新意义，有一项最为根本和不容忽视的重要特征，那就是对传统理性形而上学、在场形而上学思想的批判。正是在这一点上，作为本文研究对象之一的、德里达的解构哲学具有极为典型的研究意义。

德里达的解构哲学吸收并发展了法国语言学家索绪尔的语言学理论，形成了以“延异”“踪迹”“播撒”等“非概念的概念”为核心的解构思想，并通过解构的策略解读上自柏拉图、亚里士多德，下至胡塞尔、海德格尔等经典哲学家的哲学文本，以及从哲学到文学，从精神分析理论到人类学、政治哲学等广泛文本，并主张在文本与文本的缝隙处游戏，从文本与文本的相互激发、砥砺中“互文”出新的意义。德里达对理性形而上学、在场形而上学批判的解构理论不仅仅局限于哲学领域的理论探讨，也包括文学评论、政治观点、教育见解等应用方面。在德里达的著作中，既可以看到辨析胡塞尔现象学概念和思想的理论思辨，也可以看到解构文学现象、历史现象、社会现象的思想阐发。像《马克思的幽灵》一类的著作，不仅仅是他政治立场和观点的阐发，更有其思想发展的重要线索和必然逻辑。本文将不仅仅局限于对《马克思的幽灵》中的政治观点、解构策略的描述和分析，而是旨在从德里达的解构哲学发展的理论背景、逻辑思路的深层，揭示解构哲学将从哪些可能的角度和思路理解和赞同马克思哲学，又在哪些具体的观点和内容上背离了马克思哲学的初衷。

批判传统形而上学的哲学历史，还必须上溯自黑格尔的思辨哲学。不仅因为哲学的发展离不开对哲学及哲学史的批判，其中，黑格尔的《哲学史讲演录》就体现了重大的学术成就，另一方面的原因是黑格尔的思辨唯心主义代表了近代理性形而上学的巅峰。黑格尔对主体理性的宣扬，不仅超出了作为认识世界的基础的“我思”，而且超出了与物自体相对峙的“知性”，具有了主观精神对客观世界的征服和向绝对精神复归的意义。黑格尔的思辨唯心主义超越了心物分立的二元论，宣扬“主体即全体”的同一世界观，代表了近代理性形而上学的巅峰。早在马克思实现哲学的革命变革以及现代西方哲学轰轰烈烈的现象学运动之前，对黑格尔的批判就构成了批判传统形而上学的重要内容。在黑格尔之后，出现了尼采的超人哲学、马克思的社会历史哲学、胡塞尔的现象学、海德格尔的存在哲学等，同样是对黑格尔作为“形而上学的巅峰”的批判和变革。黑格尔哲学代表了近代哲学的集大成者，不仅以系统完整的理论建构了本体论哲学的大厦，而且表达了丰富的社会思想，涉及政治哲学、经济观点以及社会历史的种种方面。在黑格尔哲学里，人们同样体会到类似牛顿定理在自然科学发展中的重要理论贡献和理论地位。思想家们曾经认为，在黑格尔哲学之后哲学的任务仅仅在于修补这一思想大厦的边边角角，或者把这一集大成的本体论哲学推及宗教、政治等方面。然而，模仿和修补并不会促进哲学的发展，只有反思和批判才是哲学不竭发展的动力。因此，哲学领域中代表了哲学发展趋势的，恰恰是反对这一理性哲学独霸天下的地位的各种思潮和运动。其中，胡塞尔的现象学以及海德格尔的存在哲学，尼采的超人哲学和马克思的实践唯物主义哲学，都表达了批判形而上学，还原现实生活的本然面貌的哲学旨趣。

在此不同的三种哲学潮流中，虽然具有批判理性形而上学的共同志向和任务，然而也体现了不同角度、方法和路径的契合与差异。大致来讲，可以按照内在批判和外在批判的分野，区分现象学及存在哲学，同尼采、马克思的方法之间的差异。这是指现象学和存在哲学仍然想要通过理性分析建立人类认识世界的基础，即使把这理性还原到先验意识或者追索到“在世之中”，仍然摆脱不了主体形而上学和在场形而上学的印迹；而尼采和马克思对黑格尔哲学的批判更体现了超出自我主体的外在意义，尼采和马克思都彻底批判基督教的神学逻辑和思辨哲学的媾和在近代哲学上的统治，尼采追求“上帝死了”之后的超人哲学，马克思则拒绝“把理论导致神秘主义的神秘东西”①，主张在“人的实践中以及对这个实践的理解中”寻找合理的解释，并提出“改造世界”的哲学任务。另一方面，还可以通过理性和非理性（包括反理性）的划分，区别尼采哲学和马克思哲学的不同。在这个意义上，马克思哲学在实践基础上的唯物史观坚持揭示人类社会的本质和基本规律，其“同一性”的逻辑基础未能完全摆脱理性形而上学的纠缠。如果我们对马克思哲学的理解，仍然局限在物质，甚或是实践之概念基础上

1 《马克思恩格斯选集》，第一卷，人民出版社，1995年，第60页。

的本体论哲学演绎，便有滑向逻各斯中心主义、理性形而上学的危险。这点警告是德里达在分析苏联马克思主义和法国共产主义运动的理论和经验的基础上阐发出来的，并利用解构理论的利刃剖开所谓“正统马克思主义”的僵死的体系哲学，主张还原马克思哲学的批判精神：“要想继续从马克思主义的精神中汲取灵感，就必须忠实于总是在原则上构成马克思主义而且首要地是构成马克思主义的一种激进的批判的东西，那就是一种随时准备进行自我批判的步骤。这种批判在原则上显然是自愿接受它自身的变革、价值重估和自我再阐释的。”①

针对批判黑格尔思辨形而上学的三种思想潮流，德里达对他们的思想都有借鉴和批判。首先德里达的解构哲学从对胡塞尔现象学的研究起家，并从现象学和海德格尔的存在哲学中不仅借鉴了重要的“解构”概念，而且还“激进化和极端化”了现象学还原的方法，推进了存在和存在者、在场和在场者之间的“本体论差异”的“延异”化，即追求存在于“同一之源初”的绝对的、运动性的差异；其次，德里达也从尼采哲学中学到了“对真理的游戏、对形而上学的颠倒和写作方式的不拘一格”②。第三则是德里达对马克思主义的态度和阐释。在《马克思的幽灵》之前，关于解构主义如何看待和对待马克思哲学，已经引起了很多研究者的关注甚至解读。德里达却一直“讳莫

1　德里达：《马克思的幽灵》，中国人民大学出版社，2008年，第85页。

2　李振：《解构与解构的马克思主义》，上海人民出版社，2004年，第67页。

如深”，甚至在访谈中明确问题下仍不肯系统讨论对马克思主义的关系。这是否与他同阿尔都塞的“结构马克思主义”的关系有关，我们在此难加猜度。但作为十九、二十世纪最伟大的共产主义运动的理论支柱的马克思主义，无论从哲学变革的理论意义还是改造世界的实践层面，都是解构主义必须面对的研究对象。正是基于德里达的解构哲学同上述哲学思想之间的复杂关系，本文试图在综述解构哲学的现象学、存在主义和结构主义哲学等理论背景的基础上探讨解构哲学的逻辑进路，并把德里达对西方形而上学传统的解构和马克思对以黑格尔哲学为主，包括青年黑格尔派和费尔巴哈哲学的形而上学批判进行对比研究，分别考察延异和异化、踪迹和实践、解构主义历史观和唯物史观等基本概念和基本理论上两者或相契合或相悖谬的关系，并从理论深层解读德里达在《马克思的幽灵》中的立场和观点、论题和论调等，也就是说，探讨在《马克思的幽灵》中，德里达的理解有哪些观点契合了马克思哲学的初衷，而哪些过度阐释又悖谬出了马克思的本来观点。希图在此基础上，理解和反思我国马克思哲学的发展历程中在理论范式转换、研究主题和内容等方面的经验和教训。

二、研究现状

针对本文的研究主题，即解构主义和马克思主义的比较研究，作者详细搜集了相关的研究资料，以求全面了解研究进展程度，防止滞后或重复。总结国内外研究解构主义和马克思主义的相互关系的论著和学术成果，可以概括如下：

一、《马克思的幽灵》及其影响。1993 年德里达出版了《马克思的幽灵》，不仅回应了关于解构主义与马克思主义的关系的质疑和讨论，而且系统地解释了解构主义的马克思主义存在的可能性及其内容，并塑造了马克思主义的复数的、幽灵的形象。围绕着这本以讲演内容为基础的著作，国内外学者针对不同的问题展开研究，取得了丰富多样的学术成果。

1.《马克思的幽灵》在国外学界引起了热烈的讨论。“马克思主义走向何方”的学术研讨会出版了论文集。针对德里达对马克思的立场和解读，欧洲哲学界、政治学界的左派代表人物，如詹姆逊、德里克、罗蒂、哈贝马斯、拉克劳和墨菲、沙夫等都做出了积极的回应。詹姆逊分析了德里达在“非马克思主义”盛行的时候介入马克思主义这一主题的缘由，认为德里达的写作一方面是要评论马克思的著作，另一方面是要介入政治，再则试图拯救马克思主义的基础。哈贝马斯在《马克思的幽灵》影响下，著文《社会主义今天意味着什么》，指出苏东剧变并不是马克思主义的失败或社会主义的终结，他还分析了苏东剧变后的形势及展示了世界大家庭的未来，他不仅坚持批判的马克思主义没有过时，而且鼓励继续为社会主义奋斗。在此之外，德里达的《马克思的幽灵》也得到了右派或保守人士的批判和反对，英格尔斯认为德里达的解构马克思主义就是“无”，只是一种供人戏仿的文字，德里达只想把马克思主义作为一种批判异见的方便工具，不太愿意涉及它的肯定性内容，德里达想要的就是一个没有马克思主义的马克思哲学。斯皮沃克则类比德里达的关注文字同马克思的关注商品，认为德里达特别关注文字故事、善于文字游戏。这一系列的评论和解读也得到了德里达的回应——《马克思和他的儿子们》。这一系列的文本相互砥砺，有助于勾勒出解构主义的马克思主义观，澄清德里达在关于解构主义是否向马克思主义方向政治化，和马克思主义能否通过解构主义摆脱苏东僵化体系上的积极看法。

2. 国内对于《马克思的幽灵》的文本翻译并不滞后，而且也受到了一定的关注和研究。国内对《马克思的幽灵》的研究，更多的是着眼于该书的时代背景、论辩对象、主要问题及现实意义等；更多的是把该书作为政治学著作进行研究，探讨“解构主义的马克思主义”这一主题的政治学、文化政治学内容及其理论意义。在此范围内，国内研究开拓了如下的研究主题：

（1）对“脱节的时代”的解读。德里达认为，时代的脱节是“本源性”的，其中没有任何和解、统一、嵌合和正义的可能性。从而作为《马克思的幽灵》的主题的“解构活动与正义之可能性的关系”是对这个时代的治疗。它从三个方面对现存的历史状况做出了回应：一是政治世界从 19 世纪的关注政党和国家的政治模式向以大众传播文化为条件的政治模式的转变；二是苏联集团的解体和自由资本主义的霸权的扩张；三是批判地阅读马克思的文本的必要性。

（2）对“历史终结论”的批判。研究认为，德里达有力地驳斥了福山的自由主义“历史终结论”。首先通过列数大量的事实，说明福山的“福音”是安置在可疑的和充满悖论的根据之上的。在此基础上，进一步论述福山如何由于“事实的福音”的破灭而求助于“理想的福音”。继而揭示出福山所说的西方自由民主制度所体现的，并使之成为人类历史上最进步的制度的“理念”，是在偷运黑格尔的历史观，德里达对这一历史观的唯心主义实质及其与西方自由民主制度的非论证关系做了深入的剖析。

（3）对马克思主义的辩护。研究分析德里达辩护马克思主义的方法：首先，苏东剧变并不能证明马克思主义的消亡，相反，没有马克思就没有将来，我们必须在新的历史语境中反复阅读马克思。其次，今天地球上所有的人在某种程度上都是马克思和马克思主义的继承人，都必须接受马克思主义的遗产。再次，针对“新国际”的话语霸权，求助于马克思主义的批判精神是当务之急。

（4）对马克思的遗产的继承。研究认为，德里达指出马克思主义内在的异质性，即在马克思主义自身中存在对立和矛盾，这就是马克思的著作中的哲学的话语、政治的话语与科学的话语之间的矛盾与对立。对马克思主义的遗产必须主动地，而不能消极、被动地继承，在他看来对马克思主义遗产的继承，是一种使命、一项责任、一笔必须偿还的“债务”。然而，德里达一方面声称“我们是马克思遗产的继承人”，另一方面却将这种遗产的继承变成一种解构活动的结果，马克思的精神遗产只有在解构后的分延和踪迹的意义上才能为我们真正获得。

（5）对“幽灵学”的阐发[1]。在相关研究看来，“幽灵的逻辑，就是解构的逻辑”，“幽灵”是精神的延宕。幽灵既不是纯粹的现实性，也不是纯粹的非现实性，是建立在解构逻辑之上的、消解性的、不在场之在场，它指的是马克思在实体和生活世界意义上的不在场和在解构主义的意义上的在场。在此基础上，德里达指出，以“马克思”命名的马克思主义不是古典意义上的体系，它并不具有统一性，“它只存在于各种各样的不同解释中，不只是理论解释，同样还有改造世界、改造文本。”还有研究针对德里达的“幽灵学”方法论展开，认为幽灵学就是用解构主义的思想方法研究马克思主义特定阶段的思想的一种学说。通过对幽灵学的逻辑、方法和主旨的辨析及批判，指出解构的马克思主义不是马克思主义。

二、解构哲学与马克思主义的关系。关于解构主义的马克思主义的研究一定程度上，还超出了对《马克思的幽灵》的文本解读，在它的基础上继续追索解构主义同马克思主义的关系问题。这方面的研究对于本文更加具有借鉴意义。

1. 解构主义需要马克思主义。研究指出，从政治学的角度出发，解构主义要想表明自己是批判资本主义的左派理论，就必须认同马克思主义仍有现实的政治意义。德里达通过双重的策略来实现其与马克思主义的解构主义式糅合，即将解构的幽灵植入马克思主义而同时将马克思主义幽灵化，从而完成对马克思主义的置换。通过寄生于马克思主义，解构主义引导出一

1 参见岳梁：《幽灵学方法批判》，人民出版社，2008 年。

种适应于全球资本主义时代的抵抗话语。杨耕教授指出，德里达之所以从解构主义转向马克思主义，这是由解构主义的内在逻辑、马克思主义的解构功能以及二者之间存在着相似的政治学维度决定的，即解构运动对现实资本主义的批判，以及与此相关的对公正的渴望和追求。这一政治学维度的哲学基础在于：通过对西方哲学史主导性传统的解构，扬弃了本义上的形而上学。我们还要把握德里达"靠近"马克思主义的双重内涵[①]：一方面是从解构主义立场出发为马克思主义辩护，另一方面是运用马克思主义的策略和方法来旁证解构主义。

2. 解构主义与马克思主义之间的相同。由于解构主义向马克思主义的靠拢，尤其是在苏东剧变的时代背景下"向马克思致敬"，以及德里达宣称"继承马克思主义的精神遗产"，学者们在解读《马克思的幽灵》文本内容之外，也尝试着比附或比较两者之间的一致性，主要包括：（1）有学者在以下三方面解读两者的相同或相似之处：一是真理的相对性和实践性，接近马克思主义的辩证唯物主义；二是马克思主义可以有不同的形式，在当下时代尤其如此；三是马克思主义在当代人文社会科学中仍有着重大影响。（2）也有学者在以下方面做出比较：一是德里达的哲学文学化倾向和马克思的哲学政治化倾向；二是德里达借用马克思的策略和方法来旁证解构主义。（3）有学者认为，德里达的解构主义和马克思主义从表面上看就有太多的

1　杨耕：《德里达：从解构主义转向马克思主义》,《哲学研究》，2000年第5期。

相似处，比如德里达之将目光紧紧盯住文字的物理印迹，被认为同马克思的唯物主义有异曲同工之妙。德里达不遗余力、大事攻伐的逻各斯中心主义，则被认为是马克思主义哲学中“唯心主义”一词的代名词。而所谓的“黑格尔——马克思——德里达”传统，言外之意又是说马克思和德里达都属于黑格尔的辩证法传统甚至解构主义的一些专门术语，被认为也足可与马克思主义哲学中的有关术语互训。①

3. 解构主义与马克思主义之间的区别。（1）在语言批判上，德里达对语言的批判是全面质疑和解构的“虚无主义”，而马克思对语言的批判是历史主义的；在对待批判精神上，解构主义强调对传统和现存政治秩序的批判，而马克思主义则强调批判的实践性和斗争性。在对资本主义的批判上，解构主义与马克思主义在关注对象、着眼点和策略上有本质的不同。马克思主义关注的是西方经济与政治霸权的消除，并力图使“现存世界革命化”，它着眼于对资本主义宏观状况的批判，因此往往表现为一种“宏大叙事”；而解构主义关注的是西方文化霸权的“解码”，并“沉溺于话语之中”，它着眼于对资本主义微观领域的剖析，因此热衷于“小型叙事”。马克思主义着眼于对资本主义经济基础和社会制度的批判，其目的在于从根本上推翻资本主义制度；而解构主义是不触动资本主义根本制度前提下的批判，主要展开对资本主义主流意识形态的批判，而较少涉

1　陆杨：《后现代的文本阐释：福柯与德里达》，三联书店，2000年，第278页。

及这种主流意识形态赖以滋生的经济基础，尤其是所有制关系。（2）在对意识形态的批判上，德里达意识形态批判的任务是解构文字，而批判的结果是意识形态的“幽灵化”；马克思采取的是实践批判的向度，批判的结果是既看到意识形态的阶级性、政治性以及随之而来的虚假性，另一方面也看到意识形态的社会性、历史性、公共性并因之而来的文化性、知识性和科学性的特征。（3）在这些差别的基础上理解马克思主义的超越性，即马克思从哲学批判发展到实践的、历史的批判，找到了解释和解决现实问题的途径。马克思历史辩证法的革命性超越了“幽灵学”批判的虚无性，马克思历史批判精神的科学性超越了“幽灵”概念的先验性。

4. 解构主义对马克思主义的批判。研究认为，德里达直接面对的是在两种相互对立的马克思观——阿尔都塞式的直接在场的马克思和本雅明式的采用存在—神—目的论的话语的马克思，从而提出希望把任何一种目的论、任何一种本原论或任何一种弥赛亚式的末世学从马克思主义中区分出来。德里达运用解构的方法，否定历史唯物主义的基本逻辑，将之看作是一种形而上学，即马克思文本中的本体论的、末世论的形而上学。德里达一直戒备和批判的正是传统哲学的形而上学性。德里达明确表述：“我并不相信，从马克思主义的观点出发，纯粹的马克思主义文本可以立即将矛盾概念从它的思辨的、目的论的、和末世学的视界中摆脱出来。我不相信有任何‘事实’能够让我们说在马克思主义的文本中，矛盾和辩证法避开了形而上学支配。”对“物质”概念来说，德里达不相信有关于绝对外在的概念，而且认为“物质”概念在颠覆逻辑上会重新带有“逻各斯中心”的价值，并认为列宁的“物质”概念就有“先验”的嫌疑。德里达告诫把马克思主义批判精神同解构主义相混淆的人：“我们也要把马克思主义的批判精神，尽快地与可以被称作一种解构理论的东西区别开，后者不再单纯是一种批判，而且他向一切批判发问，甚至向一切问题发问。”①

三、研究现状对本文的启示。已经存在的研究结果奠定了本文研究的起点和基础，首先是对《马克思的幽灵》的文本解读及其哲学意义的阐发。虽然多数的研究成果只是以文章短论的形式出现的，但其研究的角度和内容具有重要的启发作用。作为一次讲演内容的结集出版，文本本身少不了时代环境和理论思潮的影响，在分析解构主义的马克思哲学时，必须结合时代背景和理论背景的参照，才能正确理解德里达同时宣称“向马克思致敬”和“不是马克思主义者”的矛盾表述。其次是对解构理论和马克思主义之间相同相异点的比较，对正确对待德里达对马克思哲学的态度和观点具有重要意义。本文正是站在前人比较研究的基础上，深入、系统地比较解构主义和马克思主义在基本概念、逻辑思路、理论观点和政治立场等方面的异同，同时从本体论、政治哲学和马克思主义的继承三个层面探索德里达的解构主义的马克思主义观。本文的研究寄希望于重点概念探讨基础上的系统对比，以期正确理解对解构主义与马

1　德里达:《马克思的幽灵》，中国人民大学出版社，2008年，第67页。

克思哲学之间的契合和悖谬。

三、研究方法

论文的标题以偏正式短语并置两种“主义”，表明了它必须采用比较研究的方法。在此基础上，比较研究需要注意以下原则：

（1）相同与相异（契合与悖谬）。事物之间的相同和相异是辩证地共存的。事物之间的差异是普遍的，正是这些差异构成了比较研究的意义所在。然而事物之间又是相互联系和相互统一的，正是同一构成了比较差异的前提。解构主义和马克思主义的比较研究，首先既要寻找二者的契合之处，即它们在批判传统形而上学这一对象上以及理论旨趣上的相同，虽然传统形而上学在哲学史上有不同的表现形式和内容；其次更要研究两者的悖谬之处，即它们采用的不同的哲学基础和批判逻辑，这才是正确理解德里达的解构主义的马克思主义以及《马克思的幽灵》观点的前提和基础。

（2）理论和实践。无论是马克思哲学还是解构哲学，都既有哲学变革的理论意义，又有参与现实社会政治的实践意义。马克思哲学不仅表现为马克思对青年黑格尔派、施蒂纳、“神圣家族”等的近代和现代哲学文本的解读和批判，表现为马克思主义经典作家卷帙浩繁的理论著作，而且马克思主义还引领了轰轰烈烈的共产主义运动，为欧洲及全世界的社会实践和政治运动奠定了理论基础。解构主义也不仅仅表现为与古典哲学和近代哲学中的“逻各斯中心主义”和“声音中心主义”的形而上学性做斗争，表现为在从柏拉图以降直至胡塞尔、海德格尔等哲学家以及其他文学家、政治学家的文本中穿插、解构，而且还具有极强的政治关怀和现实意义。德里达不承认自己哲学中存在着“政治学的转向”，而认为政治就是解构哲学的内在组成部分。由于解构主义挑战一切、批判一切的激进文风和左派政治观点，关于解构主义如何看待马克思主义、如何走近马克思主义，成为众多理论家关注的问题。

在《马克思的幽灵》，关于对这一问题的回应和解答，德里达在三个层面展开，即本体论政治哲学和对马克思主义的理解：准确地说，它是一个三重性的问题：（1）“政治事物”的问题（关于“政治事物”——尤其是在马克思那里——的本质、传统和分界）；（2）也是“哲学性”的问题（关于哲学作为存在论或本体论的哲学，尤其是在马克思那里）；因此还有（3）我们所有人都相信我们同样能在这些名称（尤其是马克思这个名称）下识别出来的种种正统主题的问题。这三个问题（政治事物、哲学、马克思）是不可分割的[1]。因此，本文对解构主义和马克思主义之间的契合与悖谬关系的研讨，将集中在三个主题或三个层面进行，既包括涉及本体论哲学的异化观、实践观，也包括涉及政治面向的时间性（幽灵学）、历史性（终结论）问题，并最终落脚在对马克思主义的理解和如何继承马克思主义上。

（3）文本解构与历史批判。哲学的反思和超越往往是借助

1　德里达：《友爱的政治学及其他》，夏可君编，吉林人民出版社，2006年，第 496 页。

文本的解读和批判开始的，德里达的解构主义对传统哲学文本（甚至文学文本等）的解构展现了锐利的锋刃和强大的力量。解构主义对传统理性主义的批判包括了对理念（柏拉图意义上）“逻各斯中心主义”的批判，和文本中“声音中心主义”的批判，这两个方面都体现了传统形而上学中“在场”对“不在场”的二元对立和等级专制的关系。解构主义的“延异”“踪迹”等“非概念的概念”都是力图打破“在场”的中心对边缘的压制和排斥，“延异”既是空间上的差异，也是时间上的延宕，既是对“中心——边缘”的等级关系解构，也是对“现在——过去／未来”的等级关系的解构。德里达在对胡塞尔的现象学的批判中指出了本质主义和历史主义的合谋，指明了拆解“结构和生成”两项相互关切的任务和目标。当然，由于特殊的理论背景和话语方式，解构主义的“解构”和“历史”概念都有特殊的规定和含义。解构主义也体现了向政治伦理、行动实践的渴望和转向，而在德里达看来，这一转向不仅是解构主义的必然结果，而且是本就潜在地涵括于解构主义理论之中的。

马克思也是从对传统哲学的批判出发实现了哲学史上的革命变革，其博士论文对晚期希腊哲学及其自由主题的关注就体现了与传统哲学的“异质性”，他对黑格尔绝对唯心主义哲学及其思辨逻辑的批判，对青年黑格尔派哲学和施蒂纳主观唯心主义的批判，正是对传统哲学的理性主义、主体形而上学和在场性的强烈批判。马克思对唯心主义哲学的二元对立的等级逻辑的颠覆和超越，一方面是在文本解构和哲学批判的基础上完成的，另一方面是在走出文本解构、走向真实历史的过程中完成的。马克思的“历史”批判的唯物主义基础超越了解构主义的“历史性局限”，显示了揭示人类社会本质及其历史发展规律的“实践力量”。正是在实践的“历史批判”意义上，马克思既实现了对传统哲学的变革和超越，也完成了解构主义所不可及的向实践历史的转向。马克思主义对人类历史的作用绝不是“幽灵式”的萦回，马克思主义的未来也不是永远处在到来途中的“弥赛亚性”。

四、研究思路

本文在展开论述的过程中，首先考虑德里达解构哲学的陌生性而先行对它的理论背景和基本问题做出整理。在此基础上，分别选取德里达哲学和马克思哲学中的重要概念和理论：延异——异化、踪迹——实践、解构主义的历史观——唯物史观做出比较研究。在比较的具体展开中，作者尽力展现出马克思哲学从异化史观经由实践观创新向唯物史观的转变过程，并从解构主义的逻辑角度理解马克思的哲学发展道路和哲学革命性变革的重要意义和价值。

（一）解构主义的理论背景。本章试图从理论背景的角度勾勒出解构主义的理论源流和出场路径。

第一节，德里达的哲学研究是从对胡塞尔的现象学批判开始的，从博士论文到早期的三本著作都是以对胡塞尔的现象学的解读和批判为对象和目标的，甚至可以概括为“现象学是解构主义之父”，现象学对解构主义的思维方式的影响甚至超出了“解构”概念之来源的海德格尔的影响。德里达不仅借鉴了胡塞尔的“形而上学批判”的主题和还原的方法，更重要的是对胡塞尔的批判，即德里达认为胡塞尔对意识本原的追求仍然是一种形而上学的本原观念，是逻各斯中心主义和在场形而上学的结果，在此意义上构成了解构哲学的目标和对象。

第二节，德里达解构主义的另一理论源流是海德格尔的存在主义。海德格尔构成了解构主义的重要渊源，其辨析“存在”和“存在者”，追求超越形而上学的“此在与世共在”的倾向也为德里达的解构主义奠定了基础、指引了方向。然而在德里达看来，海德格尔的存在主义最终还是受限于形而上学性，即“存在神学”尚未摆脱的“在场性”仍然局限于形而上学性的窠臼。最为重要的是，德里达解构主义得以成其名的“解构”概念也是从海德格尔的“拆解”概念中吸取和转变得来的。

第三节，结构主义运动也是德里达解构主义得以产生的重要理论背景。首先是结构主义运动从语言文字学，到人类学，到哲学的发展不仅仅影响了整个法国人文社会科学界，而且结构主义对主体形而上学的破解和超越，代表了在第二次世界大战后 20 世纪 60 年代特殊的时代背景下法国学术界超越萨特，进展到新阶段的努力和发展。德里达也正是通过《人文科学话语中的结构、符号与游戏》对结构主义的批判和超越一举成名，奠定了“解构主义”“后结构主义”的声名。语言、文字问题也是德里达的重要思想内容和解构主义的重要战场，他通过“所指”对“能指”、存在对实在的脱线和超逸，实现了从语言学的角度阐发“延异”哲学思想的重要路径。

（二）延异和异化。在对解构主义的时代背景和理论基础做出描绘之后，需要仔细梳理和分析德里达解构哲学的思维逻辑和理论内容，并主要在“延异”概念的解构逻辑上同早期马克思的“异化”思想相比较。两相比较的基础和意义在于两者对黑格尔的“同一与差异”观和绝对唯心主义逻辑的批判和超越。另一方面，解构哲学也构成对马克思早期异化观中潜在的形而上学思辨逻辑的批判。

第一节，本节尝试把黑格尔作为连接解构主义和马克思主义之间相比较的中介，一方面在于黑格尔的绝对唯心主义哲学堪称传统形而上学的集大成者和最高典范，现代哲学的转向一定程度上表现为对黑格尔哲学的反叛和批判，在这一方面马克思对黑格尔哲学的批判和超越与作为后现代哲学的解构哲学对黑格尔哲学的批判之间达成了批判对象的一致。另一方面，黑格尔的辩证法是他绝对唯心主义的逻辑基础，德里达对这一逻辑的批判、对“同一—差异”关系的解构，对“自我—他者”关系的阐述等都以“延异”的思维运作为基础，而且“延异”和“差异”“异化”之间存在更为密切而复杂的关系，黑格尔的“异化”概念和思想更是早期马克思思想的基础和批判的起点。在这一方面，黑格尔的“异化”概念及其逻辑构成了解构主义和马克思主义相互比较的重要场域。

第二节，青年马克思的异化思想及其对黑格尔思辨唯心主义的批判。青年马克思哲学思想及其与黑格尔唯心主义哲学之间的关系，是马克思主义哲学研究的重要问题。这一问题的研究开启了西方马克思主义的源流，存在主义的马克思主义和结构主义的马克思主义之间争论也主要在于这一争议问题。如何理解马克思对黑格尔唯心主义逻辑的批判与同时借鉴其异化思维基础上的“异化劳动观”？本节试图在追溯“异化劳动观”中潜在的黑格尔逻辑的基础上，重新梳理马克思对这一“异化逻辑”的批判和超越的维度及其可能，即唯心主义思维逻辑的困境，和逸出这一逻辑向“实践”概念转变的可能。其中对于马克思关于“人的类本质”的先验设定和“人的本质的复归”先验逻辑的分析，主要基于德里达对于形而上学的二元对立及等级关系的解构策略。

第三节，德里达的解构主义是针对“逻各斯中心主义”“声音中心论”和“在场形而上学”的批判和解构展开的，在这三者之间贯穿着一种西方传统形而上学追求自身同一、永恒在场、自我封闭的本原的倾向，本节力图从德里达一贯的解构“本原”的旨趣出发，分层次解读他立足在“延异”这一“非概念的概念”基础上对传统本原形而上学的拆解和批判，德里达要破解的正是传统“本原—非本原”“中心—边缘”“同一—差异”等二元对立范畴及其之间的对立关系和等级结构。一方面，德里达的延异概念是对“差异”的时间化和空间化，是绝对的差异和差异的源泉，德里达十分重视同黑格尔的“差异”概念的区别和联系。另一方面，解构也不同于扬弃，不同于在二元对立的内部实现中和和折中，而是永远超出二元对立之外，破解二元对立中的中心和边缘关系。德里达指出，延异是对“扬弃”的限制、中断和破坏。在德里达解构黑格尔的扬弃逻辑的意义上，它同时构成对马克思的异化思想的批判，一方面，人的类本质的先验设定是其异化思想的逻各斯中心，另一方面，共产主义作为“异化—扬弃”的复归逻辑中也存在“正—反—合”中的对立和等级结构。

（三）踪迹和实践。如果说“延异”的游戏（运动）是德里达解构传统形而上学的本原观、在场性的策略或者方法，那么本原被解构之后如何揭示存在问题？如何解释存在与存在者之间、所指与能指之间、与意义符号之间的关系呢？德里达的“延异”带来的是一个替补和涂抹的“踪迹”的系列，踪迹是“非本原的本原”，它不能被“在场”思考。踪迹是对“在场—非在场”的绝对的超出，是对本体论、传统形而上学的超出。与此相对，马克思的“实践”观，对旧唯物主义和传统唯心主义的两方面的批判，也具有超出形而上学逻辑的解构和批判指向。

第一节，从德里达分析胡塞尔现象学的文本《胡塞尔“几何学本原”：翻译和引论》《声音与现象》等出发，考察他从中得出“踪迹”概念的理论推演过程，辨析“踪迹”概念的规定和作用。“踪迹”是延异留下的痕迹，是对延异所解构的“本原”的替补、涂抹、指示的结果。“踪迹”不能被“在场”地思考，无论从当前出发，还是从当前的在场出发，人们并不能思考踪迹，因此也不能思考延异。解构哲学对“踪迹”的探讨和强调指向了一种对形而上学、本体论的批判和对哲学新形态的向往。

第二节，与“踪迹”对传统本体论哲学、传统形而上学的解构相比，实践更表现出对新唯物主义哲学的革命向往和理论追求。实践唯物主义是在对黑格尔哲学、青年黑格尔派哲学和费尔巴哈人本主义哲学批判和超越的基础上，对新唯物主义哲学形态的规定和期许。“实践”既是马克思形而上学批判的理论基础，也是新唯物主义哲学革命变革的逻辑起点。马克思强调，新唯物主义是既是思辨完善了的唯物主义，也是同共产主义和社会主义相关联的唯物主义，既是批判十七八世纪形而上学的成果，也是继续形而上学批判，从形而上学批判进展到历史和现实批判的基础。

第三节，解构哲学由于对从柏拉图肇始的形而上学传统的批判和对语言学、人类学、精神分析理论等众多学科的广泛研究，产生了丰富的理论结果和复杂的表现形态，使得自身的哲学性质和学术贡献受到质疑。同时解构哲学对马克思哲学的态度和立场也受到其哲学性质和哲学形态的影响，它认为对马克思哲学的概念和理论体系之间有着相沟通的可能和再批判的必要，一定意义上它既是对唯心主义的批判，同时也反对“物质”概念上可能的形而上学演绎。在他看来，即使马克思的辩证法和矛盾学说，也不必然摆脱了形而上学的束缚，因此既要同马克思的辩证唯物主义相区别，也要同马克思的历史唯物主义相区别，并同马克思哲学指导下的社会主义运动相区别。在解构主义呼吁继承马克思的“幽灵”意义上，在当代西方马克思主义和中国实践维物主义等众多马克思主义的流派共存的时代境遇下，继承和发扬马克思的批判精神，就必须把握马克思实践观基础上哲学创新的本质和意义，反对形而上学的哲学体系。

（四）解构主义历史观与唯物史观。马克思在实践观创新的基础上创立了了唯物史观。在《德意志意识形态》中，马克思主要批判了青年黑格尔派的自我意识哲学，并在此基础上清算同费尔巴哈的理论关系和初步系统阐述了自己的新唯物主义哲学见解。马克思不仅阐述了新唯物主义的基本原则，即“不是意识决定生活，而是生活决定意识”，而且概括了生产力和生产关系、经济基础和上层建筑之间的相互关系和辩证运动，同时还阐明了新唯物主义的实践性和革命性“对实践的唯物主义者即共产主义者来说，全部问题都在于使现在世界革命化，实际地反对并改变现存的事物”[1]。唯物史观及其对社会运动、历史发展的指导作用，在具体历史展开中得到印证和补充的同时，还受到经验历史的质疑和挑战。在后现代哲学中，历史性和历史观念同样也受到拷问。德里达的解构哲学不仅解构了隐喻的历史性，而且解构了线性历史观和历史的未来，用“即将来临又永在途中”的“弥赛亚性”来指示人类的未来。在《马克思的幽灵》中，德里达不仅批判了“历史终结论”对资本主义自由民主未来的预示具有福音书的特质，无视经验历史和历史理

1 《马克思恩格斯全集》，第三卷，人民出版社，1960 年，第 567 页。

想之间的本质差异和巨大鸿沟，同时把马克思的唯物史观归结为“经济决定论”，作为形而上学历史观的表现而加以解构。德里达把共产主义的未来推迟到永远处在来临途中的“弥赛亚性”未来，使得历史规律和未来目标失于虚无和苍白。

第一节阐述马克思批判费尔巴哈的直观唯物主义和唯心史观，清算青年黑格尔派的哲学影响，批判“真正的社会主义”等的基础上，首次阐发了马克思哲学尤其是唯物史观的基本内容。马克思批判德国的一切唯心主义没有看到德国哲学和德国现实之间、他们的批判和他们自身的物质环境之间的联系，用抽象概念的理论演绎代替现实的历史发展。无论是基于感性直观的抽象概念，还是唯心概念的能动演绎，都是形而上学的表现，即脱离对现实的社会生活中的现实的人的考察，纯粹思辨地处理社会问题，不仅不能正确地解释世界，更不能积极地改造世界。

第二节考察德里达解构历史性和历史观念，他不仅揭示了胡塞尔的“历史性”的实质是自我意识的纯粹构造和永恒在场，而且解构了脱离时间和事实的形而上学的“历史性”。同时德里达还反对本质主义的、目的论的、意义的历史观念，反对线性发展的历史过程，在他看来，真实的历史发展是不断延异的过程，而不是本原或本质结构的无限重复。他主张一种解构的历史观，即“作为允诺的弥赛亚的与解放的允诺的肯定性”的历史观，解构的历史观不再是具有起源和中心的历史，也不再是完整意义的历史，而是由无边的延宕、替换、重复、游戏构成的延异之链。

第三节考察德里达在《马克思的幽灵》中如何解构“历史终结论”和马克思“经济决定论”。他首先批判资本主义的自由民主的未来预示没有真实观照当下的社会现实，关于未来的预示只是“福音书”式的宣示；他还把马克思的“一个阶级是社会上占统治地位的物质力量，同时也是社会上占统治地位的精神力量”的社会存在决定社会意识学说归结为“经济决定论”，认为这一观点在当今受到资本主义话语的挑战和颠覆。德里达把资本主义的“历史终结论”和马克思的“经济决定论”都视为形而上学的历史观加以解构，指出他们的困难在于无法弥合经验历史和历史理想的二元对立之间的鸿沟，解构的历史观不仅取消了这一二元对立，而且用“弥赛亚性”的未来代替目的论的历史理想，解构的历史观为人类社会允诺了正义和解放的未来，却永远处在“即将来临”的途中。

第一章

德里达解构主义哲学的理论渊源

比较研究德里达的解构主义哲学和马克思哲学对于主体、理性、在场形而上学的批判，是正确理解德里达对马克思哲学和马克思主义的立场和态度的必要前提和重要基础。由于德里达丰富、庞杂的论述内容和晦涩的写作风格，有必要从理论渊源的角度梳理德里达解构主义的思想发端和运演过程，这样才能完整、准确地理解德里达的形而上学解构。

德里达的论述对象极为丰富，上溯柏拉图、亚里士多德，近代如笛卡尔、黑格尔，现代如胡塞尔、海德格尔、萨特和福柯、列维纳斯等重要哲学家及其哲学思想，都曾被德里达对于形而上学"逻各斯中心主义""声音中心主义""在场形而上学"的解构哲学所涉猎和运作。由此，否认德里达解构思想的"哲学"性和独特哲学意义是难以自圆其说的。同时，德里达的解构利刃还在哲学与文学理论、心理分析、政治学等众多的主题上运作，讨论涉及尼采、卢梭、索绪尔、斯特劳斯、福柯、拉康、马拉美、布朗肖、乔伊斯、阿尔托等众多名豪巨匠。面对如此纷繁复杂的论述对象和文本构成，如何从中辨识出解构哲学最重要的、最主导的理论渊源是本章关心的主要问题。

为回答这一问题，我们需要还原到德里达最初关注的理论主题，和德里达解构思想初生的那个时代背景中去。在一定意义上，德里达在1967年几乎同时出版的三本理论著作——《声音与现象》《文字与差异》《论文字学》——中，不仅表现了明确的理论主题，而且基本形成了解构思想。在这里，德里达集中了最主要的哲学研究和哲学文本，表明了批判传统形而上学的理论旨趣，由此我们可以把胡塞尔现象学、海德格尔存在哲学和结构主义运动，作为德里达解构哲学最为显著的理论渊源加以讨论。解构主义不仅从对上述三者的直接讨论和研究开始，并从中吸取了重要的还原论方法、本体论的差异观、语言学上的差异思想，而且进一步彻底化、激进化了三者的批判精神和方法，其中继承和发展、批判和超越的关系十分明显地体现在解构主义的经典文本中。

在解构主义之前，对主体理性形而上学的批判就已经存在并广为播散了。自笛卡尔至康德、黑格尔的哲学，高扬人类自我意识和理性精神的独特意义和崇高地位，在内容不尽相同却又各自系统的理论体系中，步步推进了以“主体”“理性”和“在场”为核心旨归的唯心主义哲学。他们在“主体与客体”“理性与非理性或反理性”和“在场与缺席”的二元对立中，树立了主体、理性和在场的绝对霸权地位，这一思路是自柏拉图肇始的形而上学逻辑的延伸和发展。在这一意义上，现代哲学中胡塞尔现象学、海德格尔的存在哲学以及存在哲学在法国被结构主义所取代，都构成了批判从古希腊到近代哲学的形而上学的倾向的前赴后继的运动源流。德里达的解构主义不仅明确地继承了这一哲学任务，着力批判以“逻各斯中心主义”“声音中心主义”和“在场形而上学”为标志的形而上学传统，而且他对古典哲学文本和其他文学文本等的解构也处处体现了这一哲学主题和理论旨趣。

第一节　胡塞尔现象学

胡塞尔现象学是黑格尔哲学之后至为重要的现代哲学理论，并引领了影响广泛和历史悠长的现象学运动。黑格尔在哲学史上的重要地位，不仅表现在他对传统形而上学和德国古典哲学的继承和发展，不仅表现为否定之否定的辩证逻辑和“真理即全体”的理论体系，更表现在黑格尔哲学对后世哲学发展的重要影响和主导地位。在黑格尔之后的哲学史上，除了马克思主义代表的哲学变革和引领的共产主义运动具有如此的声名远播和影响深远的重要性之外，胡塞尔的现象学再次引领了欧洲哲学发展的新航程。胡塞尔通过“作为严格的科学”的哲学导向和现象学还原的重要方法，不仅开启了新的哲学领域，而且引领了包括存在哲学等在内的现象学运动。德里达的哲学研究也是从胡塞尔的现象学开始的。胡塞尔现象学对德里达解构主义的重要影响，不仅表现在作为解构主义的研究对象，而且提供了重要的方法论原则。在德里达看来，“胡塞尔是教会我方法和规矩的人，这些东西从未离我而去，甚至在我以为对胡塞尔的某些预设进行质疑的时刻，我也是忠实于现象学的原则的”[1]。

德里达最初关注的重要哲学主题就是关于声音和文字的对立关系问题，在德里达看来，这是古典哲学就已提出的，贯穿于整个形而上学历史之中的主题：“但是在古典哲学的结构中，声音总是首先出现的：古典哲学在法律上起决定作用的某一点上，提出了与整个西方历史相关的声音和表音文字的特权问题，以至于它表现在形而上学的历史之中，而且它最现代的、批判的和突出的形式就是：胡塞尔的先验现象学。”[2]因此，在德里达的重要主题——对声音中心主义的解构上，胡塞尔现象学成为最直接的、最切近的研究对象。

德里达的哲学研究是从解构和批判胡塞尔现象学思想开始的。早在1953—1954年，德里达还在巴黎高师读二年级的时候，为了申请高等教育文凭而写的《胡塞尔哲学中的生成问题》，是德里达最早的理论著作，被认为“如果我们想询问胡塞尔现象学在德里达思想中的地位，那么对《胡塞尔哲学中的生成问题》的仔细解读就是必不可少的”[3]。德里达也自认为这本书是“法国五十年代的一位大学生在哲学或政治学的地图上对哲学的自我定向的尝试”。之后的1959年他在色里西会议上宣读了讨论胡塞尔现象学的论文——《“生成性和结构”以及现象学》——被收入《书写与差异》(1967)。而作为德里达公开发

1　德里达:《德里达谈现象学》,《哲学译丛》,2001年第3期。

2　德里达:《多重立场》,佘碧平译，三联书店，2004年，第5页。

3　转引自：方向红:《生成与解构》,南京大学出版社，2006年，第37页。

表的第一个文本的《胡塞尔的“几何学的起源”：译文与导论》发表于 1962 年，《导论》甚至比胡塞尔的《几何学的起源》篇幅大出一倍，其重要性在于这篇文章开启了德里达对整个欧洲哲学传统的一种态度，一种革新的态度，胡塞尔现象学是“德里达思想的秘密和诞生地”①。一般认为，德里达思想的成形是在 1967 年同时发表的三本著作——《书写与差异》《论文字学》和《声音与现象》。抛开三本著作之间的穿插和互文的关系不谈，仅《声音和现象》也仍然集中讨论胡塞尔《逻辑研究》之“第一研究”以及《内时间意识现象学》。所以，德里达从早期论文到思想成形的三本著作，都是以对胡塞尔的现象学的解构和批判为对象和目标的，一定意义上可以说“现象学是解构主义之父”。现象学对解构主义的思维方式的影响甚至超出了关系更为直接的海德格尔的影响，“正是胡塞尔和海德格尔的现象学思想在经过德里达的怀疑、批判和极端化之后构成了全部解构理论的硬核”②。德里达既学习现象学的方法，又反对和批判现象学的结论，将现象学更为激进化的“现象学家”，解构是他通过对现象学思想阅读和批判的必然结果。

现象学不仅是解构理论的批判对象和理论资源，而且“面向事物本身”的理论旨趣和本质还原、先验还原的方法也构成了德里达解构策略批判和超越的前提和基础。胡塞尔现象学的最终目的是“澄清理解所有经验认识和所有一般认识所需要的

1　叶秀山：《意义世界的埋葬》，《中国社会科学》，1989 年第 3 期。

2　方向红：《幽灵之舞》，江苏人民出版社，2010 年，第 2 页。

一切，澄清所有形式逻辑、自然逻辑以及其他‘原则’的‘起源’，澄清所有与此联系的存在（自然存在、价值存在等）和与意识相关的问题”[①]，借助现象学的本质直观，建立作为纯粹的、严格的科学的哲学，“一个无限的工作领域便显露出来，一门科学便显露出来”[②]。这一作为严格的科学的哲学旨趣是通过现象学还原的方法实现的，在《逻辑研究》中得到了充分表达和具体规定。“悬置”是胡塞尔现象学还原方法的基本表述，通过加括号的方式将对事物判断的既定结论悬置起来，植入括号内的是我们先于具体判断而赋予世界的存在属性。“加括号”是对自然观点总命题的排斥，对世界存在确然性的排斥，“如果将自身置身于整个世界中，中止任何一种直接地将世界认作是既定存在的信仰，将目光自觉朝向世界之意识的生活本身，就会获得纯粹的我自身”[③]，即胡塞尔追求的先验的自我。因此，胡塞尔的现象学作为一种先验意识哲学，试图通过抛开传统意识与世界的经验主义和理性主义的先入之见，以一种“现象学直观”的态度重新思考主客体之间的关系问题。

然而，在德里达看来，胡塞尔将哲学命题还原为先验自我的绝对在场和基础，虽然动摇和批判了作为古典形而上学根基的理念和绝对存在物的可靠性，以现象的原初性作为知识考察

---

1 胡塞尔:《哲学作为严格的科学》，倪梁康译，商务印书馆，1999年，第70页。

2 胡塞尔:《哲学作为严格的科学》，倪梁康译，商务印书馆，1999年，第70页。

3 倪梁康:《胡塞尔现象学概念通释》，三联书店，1995年，第301页。

和知识建构的真正基础，但这仍然是一种“自我意识”的现代形而上学。德里达说：“古典哲学……，以至于它表现在形而上学的历史中，而且它最现代的、批判的和突出的形式就是：胡塞尔的先验现象学。”[1] 在为胡塞尔《几何学的起源》所写的导论中，德里达提出了对现象学的质疑。《胡塞尔“几何学的起源”：译文与导论》认为，以几何学为范例研究以理性为对象的纯科学在历史中的作用，是很有意义的，因为几何学范例既具有理想性、观念性，又具有历史性，存在着一个起源问题。但是胡塞尔对绝对性起源的还原式追求，对知识的原初性和普遍性的追求并不为德里达所接受。在德里达那里，并不存在“零点”式的起源，现实世界以及过去、现在和未来也并不是同一的关系，现实世界存在着众多的差异，也存在着无边的延迟。在“差异和延迟”的观念基础上，德里达反对还原式的逻辑分析方法，因为还原思想包含“在场——不在场”的二元对立，无论如何还原，现时的事物的在场都无法摆脱“不在场”的影响，“回到事物本身”的自明性强调了自我的在场而抹去了其他事物的不在场，而实质上任何事物的存在都是在场和不在场的无边的“延异”。《胡塞尔“几何学的起源”：译文与导论》中还有“观念的历史性：差异、延迟、起源与先验”的标题，这一标题中差异和延迟已经涵盖了德里达“延异”思想的基本内容，在这一点上，胡塞尔现象学构成解构思想的最初起源。

1　德里达：《多重立场》，佘碧平译，三联书店，2004年。

在《声音与现象》中，德里达对还原的逻辑再次进行了批判，他指出对于符号的现象学观念，“问题仅仅在于使原始的、非经验的、无根基的空间在不可还原的虚空上面展现”，还原到不可还原，实际上是指还原的在场价值的终极性，它使得还原成为事物自我呈现的必要手段。“由此虚空出发，决定了在场在理想形式中的安全；也是由此虚空出发，在场的安全在这种形式中自行消失。”[1] 现象学的理想形式就是把在场之物的连续重复看成是“同一个在场”，理想的在场构造出理想的认识对象及其意义表达。德里达却把胡塞尔的悬置、还原方法理解为重复对在场的控制，还原取消了不在场，追求在场的普遍性和特权，找到了对知识科学性解构的绝对点：先验自我始终是绝对的在场者，由它实施还原并决定悬置的程度。现象学的还原始终存在着先验自我的声音，这种声音的绝对在场成为赋予事物存在意义的源泉，成为现象学还原的逻辑中心。现象学还原反对形而上学的预设和超越之物，但最终仍然落入形而上学体系中，“一方面，现象学是素朴本体论的还原，是向意义与价值的生成结构的回归，是向着普遍符号制造真理和价值生命的活动的回归”，另一方面，与这种还原相伴随的是古典形而上学的在场性，“标志着对古典本体论的依附关系”[2]。这种对古典本体论的依附关系是对现象学自身规则的巨大威胁。德里达通过对还原符号的解读，认为还原始终遵循自我在场的统一性、至上性，

1　德里达：《声音与现象》，商务印书馆，1999年，第6页。

2　德里达：《声音与现象》，商务印书馆，1999年，第31页。

它把“主体的体验孤立为绝对确定性和绝对存在的范围”，而这种绝对存在“只有在先验的世界的相对存在的还原中才能实现”[1]。纯粹表现的主体和价值纯粹、原始的自我感知、完整和简单的自我在场等构成了现象学还原的基本假设和关键环节。德里达认为，胡塞尔一方面坚持在场、还原与其物象的差异，只有维持这种差异才能论证还原的合理性；另一方面，在实施还原策略时，真实与想象、实在与再现、简单在场和重复之间的差异开始消失。在此基础上，德里达提出了自己的解构学说。解构内涵了真实在场和想象的在场、能指与所指、简单在场与绝对重复之间的相互关联，整个差异的体系被拖入解构中，彻底打破了自我在场的同一性，批判了胡塞尔现象学中的形而上学残余。

因此，胡塞尔现象学对德里达解构主义的理论背景意义，不仅体现在它作为解构主义的研究前提和对象，为解构主义提供了研究的概念和领域等，更重要的是提供了“面向事物本身”的方法论，德里达正是把现象学还原的原则激进化和继续应用于先验还原，产生和发展了关于延异的“绝对的和源初的差异”观点，批判了声音中心主义和逻各斯中心主义在现象学中的余势。德里达对胡塞尔现象学的解构和批判，同时还与其关于文字学以及书写等理论相联系在一起，相互砥砺和启发。正是这里的哲学研究为德里达“展开某种一般的哲学阅读与解释策

1　德里达:《声音与现象》，商务印书馆，1999年，第56页。

略”[1]，同时在差异极大的哲学与文学领域形成和发展了解构主义思想。

第二节 海德格尔的存在哲学

德里达解构主义的另一理论源流是海德格尔的存在主义。极为重要的是，德里达解构主义得以成其名的“解构”概念就是从海德格尔的“拆解”（destruktion）概念中吸取和转变得来的。此外，海德格尔辨析“存在”和“存在者”的“本体论的差异”思想，追求超越形而上学的“存在”的倾向也为德里达的解构主义奠定了基础和指引了方向。第三，海德格尔还构成了德里达解构哲学的重要对象，“我确实认为海德格尔的文本对我是极端重要的，它带来了一个新颖的、不可逆转的进步，他的全部批评财富，我们还远没有利用过”[2]。然而在德里达看来，海德格尔的存在主义最终还是受限于形而上学性，即“存在神学”尚未摆脱的“在场性”仍然局限于形而上学性的窠臼。

一、“解构”概念的海德格尔来源

德里达的“deconstruction”（解构）直接来自对海德格尔的“destruktion”的积极改造，“多少是有点置换了海德格尔所用的

1 德里达：《书写与差异》（上），张宁译，三联书店，2001年，第2页。
2 德里达：《多重立场》，佘碧平译，三联书店，2004年，第61页。

destruktion 一词之后所做的积极转译”。德里达一开始并未自觉意识到这一概念对自己的哲学思想的重大意义，“我选择这个词时，或者说它出现在我面前时，并没有把它当成讨论问题的中心，只是为了自己的目的去翻译 destruktion 的产物”[1]。海德格尔的这个词直接来自胡塞尔，胡塞尔在《观念》中首先使用了“gedankliche destruktion”（精神拆构）一词，胡塞尔用它来描述现象学还原，即对我们的经验和经验世界悬置不论，以便回到先验自我，从而寻求一切知识的绝对基础。海德格尔在 1927 年做的“现象学的基本问题”讲座中，把胡塞尔的精神拆构（destruktion）作为哲学进入现象学运动的开始来讨论，他认为现象学是研究哲学的方法，这个方法是以三个步骤开始的，还原（reduction）、建构（construction）和拆构（destruction）。海德格尔还在《存在与时间》中用拆构（destruction）概念来讨论“存在论的摧毁”。

哈贝马斯在辨析德里达的解构和海德格尔的拆构概念之间的区别时，指出：“在这里，我觉得十分关键的是早期海德格尔提供给我们的解析（destruction）一词的深奥启示；至少对那些同时真正懂德语的人们来说，这个词绝没有英语、法语，以及其他语言对他的外来用法所具有的那种摧毁的否定的意味。当我们要表示摧毁的意思时，我们不说 destruktion，而说 zerstorung。海德格尔在 20 年代就是这样来使用 destruktion 这

---

1 《德里达论差异》，转引自《场与有》，东方出版社，1994 年，第 253 页。

个词的。我设想德里达没有真正了解它的用法，因而选择了一个特殊的、累赘的动词构造，因为他在解析'destruktion'一词上除了听到摧毁之外，听不到任何别的东西了。"①一定意义上，哈贝马斯洞察了德里达对海德格尔的 destruktion 概念的批判和改造。德里达不满意海德格尔的 destruktion 仍具有的存在论或西方形而上学概念的传统痕迹。在德里达看来，海德格尔的 destruktion（拆构）是一种传统存在论的变形，虽然海德格尔以此明确自己的存在论思想，克服对在场形而上学的依赖，但实际上却并未真正摧毁形而上学的基础，只是利用现象学的方法把形而上学隐去，敞开被形而上学遮蔽的存在问题，这样 destruktion 就具有显明的建构意义。德里达对这一词的改造则企图剥去海德格尔哲学残余的形而上学性，达到不受任何在场束缚的延异状态。

二、延异与"本体论的差异"

"本体论的差异"是海德格尔的存在哲学批判形而上学的基础。本体论差异具有两重含义：一是存在与存在者之间的差异，这是海德格尔揭示传统形而上学存在论遗忘存在的基本出发点。正因为二者的差异性被忽视，被等同于无差异，存在者被等同于存在，作为基础存在论的"世界"才被遮蔽，看不到存在本体的真正意义。二是由此引发的在场和在场者的差异问题。存

1　伽达默尔：《德法之争——伽达默尔与德里达的对话》，同济大学出版社，2004 年，第 111 页。

在问题的晦暗不明，还遮蔽了在场和在场者之间的真实关系。海德格尔对本体论的差异的强调，意在澄清存在问题的本来面目，论证存在问题的优先性：问题不在于具体的科学证据和证明，而在于寻求本真的存在者的历史性和源初状态。通过本体论的差异，海德格尔透过存在者、在场者的遮蔽现象，看到了存在、在场/不在场的源始性、基础性的意义，通过这种差异运动，存在的静态意义转化为动态意义。世界、大地存在的在场意义转化为在场者以及在场/不在场的复杂关系。

德里达的延异思想就是从海德格尔的"本体论差异"思想汇总直接演化而来的。"我要做的事，如无海德格尔问题的提出，就不可能发生……海德格尔所说的存在与存在者之间的存在—本体论的差异，它至今仍是哲学的未思之处。……但是，我却试图在海德格尔的文本中确定属于形而上学或他所谓的本体—神学的符号。"① 用延异代替差异是强调差异的无法把握的源初性，在德里达看来，延异和海德格尔的存在本体论的差异之间只有表面的相似，实质上却具有根本性的不同，"我只能证明一点，在这两种差异之间，即在非在场视域的、延迟的、即时性的差异与海德格尔的《存在与时间》中超越存在问题的当下（超越传统形而上学在场）的差异之间，存在着密切的关系，但又是不可穷尽的、不可还原的必要的差异关系"②。德里达的延异并不是一个概念，而是各种差异的本源。延异是对各种在

1　德里达：《多重立场》，佘碧平译，三联书店，2004 年，第 11 页。

2　德里达：《哲学的边缘》芝加哥大学出版社，1982 年，第 10 页。

场特权和权威的挑战，一切存在和在场的界限都受到延异思想的质疑，“它既无管辖，又无控制，不在任何领域拥有权威，不存在延异的领域，只存在他对一切领域的颠覆”①。德里达的延异超出了本体论差异的范围，批判“处于本体论限制下的差异”，依然属于一种形而上学的内在机制。

然而在语言文字问题上，德里达指出，“出于结构和战略上的考虑，海德格尔认识到他不得不借用形而上学语言的句法和词汇的资源”，这些就是形而上学的支撑点，“在这些支撑点中，将差异视为存在—本体论差异的最终规定，在我看来，似乎仍然以一种奇特的方式处于形而上学的掌握之中”。在德里达看来，存在一种海德格尔式的语音中心主义，在他那里，就像在整个西方那里一样，声音和一种既定的“表达实体”被赋予一种非批判的特权。“解构的运动首先是肯定性的活动，不是确定性的，而是肯定性的。解构不是拆毁或破坏。解构是对存在的一种思考，是对于形而上学的一种思考，因而表现为一种对存在的权威、或本质的权威的讨论，而这样一种讨论或解释不可能简单地是一种否定性的破坏。”②

三、对胡塞尔现象学的批判和发展

在海德格尔看来，胡塞尔的现象学的核心命题是“回到事

1 德里达：《哲学的边缘》芝加哥大学出版社，1982年，第22页。

2 德里达：《一种疯狂守护着思想》，何佩群译，上海人民出版社，1997年，第18页。

物本身”，现象学更为重要的是一种方法，“它不是从关于实体的方面来描述哲学研究的对象是什么，而是描述哲学研究的如何”[①]，它表现为揭示被遮蔽的东西和敞开问题的一种真的方法，是一种解释行为。海德格尔称现象学为解释的现象学，需要发现的对象是被存在和存在者之间的“本体论差异”所遮蔽的存在，在此意义上，存在哲学就是现象学，“存在者的存在的科学或者说本体论只有作为现象学才能存在，而且反面也能成立：照其内容来说，现象学与本体论完全一致”[②]。海德格尔对现象学的兴趣不在于现象本身，而在于本体论的目的。海德格尔在叙述现象学方法时，只关注它的去弊作用，因为“现象学所领会的现象只构成存在的东西，而存在又向来是存在者的存在”[③]。

海德格尔和德里达都认识到现象学的积极作用，把它看作是动摇传统形而上学、还原事物本来面目的重要方法；但另一方面，他们都不满意以现象学为基础建立严密科学的做法，把它看成新的形而上学加以拒斥。所不同的是，海德格尔注重本体论的溯源，企图返回到前苏格拉底哲学；而德里达主张“延异”的绝对性、不可把握性，拒绝一切还原的可能性，就是说“源初的差异”即“延异”也是不可还原、无法还原的。德里达从胡塞尔那里汲取了对抗传统形而上学逻辑严密论证的反驳方

1　海德格尔：《存在与时间》，三联书店，1999 年，第 32 页。

2　施皮格伯格：《现象学运动》，商务印书馆，王炳文，张金言译，1995 年，第 535 页。

3　海德格尔：《存在与时间》，三联书店，1999 年，第 43 页。

法，并悟出了解构的可能性，海德格尔则在现象学中看到胡塞尔的不彻底性，仍然被各种存在者的假象所迷惑而不得进入存在问题本身。因此，无论从海德格尔本身同胡塞尔在哲学上的师承关系，还是从德里达对两者的认知和结构序列上，都体现了海德格尔存在哲学作为现象学的批判的继续，德里达对海德格尔的批判也就是对现象学的批判的发展。

第三节　解构主义与结构主义运动

德里达解构哲学的名谓由来，很大程度上也与他同结构主义语言学和结构主义运动的关系有关。人们一开始记住“解构”是因为它涉及拒斥、破解和游戏结构，在结构主义正处于统治地位的时候，解构被认为同时具有结构主义和反结构主义的姿态。解构主义不是简单地对体系论的结构的分解，它也是一个关于根基的问题，关于根基与构成根基的事物之间关系的问题，解构也涉及体系论的主题，解构敞开了系统排列或组合的可能性，是对系统的关闭和开放的一种反应。

解构主义又被称为后结构主义，对于结构主义的批判也成就了德里达的代表作——《人文科学话语中的结构、符号与游戏》。[1] 因此，解构主义的出现也离不开结构主义运动这一重

1　德里达：《书写与差异》（下），张宁译，三联书店，2001 年，第 502 页。

要理论背景。结构主义最先从语言文字学发源，而后扩展到人类学、文学、符号学等人文学科，并深入哲学界的讨论和研究，演绎了轰轰烈烈的结构主义运动，影响了整个 20 世纪 60 年代法国人文社会科学界。

一、结构主义语言学

结构主义运动起源于瑞士语言学家费迪南德·索绪尔的语言学研究，近代大多结构主义者的思想都受到他的影响和启发或与之不谋而合。索绪尔对语言研究的革命性贡献，在于他否定那种关于主体的"实体"观点，而主张一种"关系"的观点。在他的《普通语言学教程》中，索绪尔提出，研究语言不仅应该根据语言的个别部分，不仅应该进行历史性的研究，而且应该根据语言个别部分之间的关系进行共时性的研究。总之，应该把语言作为一种完整的形式（gestalteinheit），作为一个统一的"领域"，一个自足的系统进行研究。索绪尔这一思想的重大意义在于，承认了语言既有它的历史范围，也有它的结构属性。

索绪尔从语言的两种基本表现形态即语言和言语来考察整个语言现象。他在语言和言语之间所做的辩证区分对一般语言学的发展，特别是结构主义语言学的发展是极为重要的。语言和言语的区别是指被称作"语言"的抽象语言系统和在具体的语境中我们所发出的具体言语之间的区别。索绪尔将语言和言语之间的对立关系类比为抽象的象棋规则和真实具体的象棋游戏之间的关系，意在表明，语言的本质超出并支配着言语的每一种表现，然而，离开了言语提供的具体表现，语言就要失去自己的具体的存在。索绪尔认为，“人类的天性不在于口头言语，而在于构造语言——不同的符号与不同的概念相符合的系统——的天赋”[①]。这种构造符号的天赋能力在语言方面产生了可以看作是更大的、更为基本和更为本质的结构，个人的言语活动表面看来是异质的、没有任何模式、没有系统的连贯性的，然而，先于它出现的作为能力的语言却是同质的，语言展现出一个系统的、几乎清晰可辨的结构。

索绪尔关于语言和言语的区分，从根本上动摇了传统语言观的“要素中心”的观念以及由这种观念产生的以词为中心的语言观，强调“要素”本身不具有任何意义，而完全从它和其他要素的关系（或构成的结构）中获得意义。追问这种关系或结构的本质或者起源，便是要素之间的差异。进一步，各种要素之间的差异是被系统地组织起来的，形成了各种对立的相互关系，成对出现的功能性差异，或者“二元对立”概念构成了结构概念的基础。这种结构的基本原则是否定个别要素的“实际的”本质，并系统地把自己的形式或模式赋予要素。索绪尔继续向前迈进，他指出语言并不属于“语词的物质实质”，而属于更为广泛的抽象的符号系统，符号和符号之间的关系构成了语言学研究的对象。因此，符号的本质和符号之间的关系的本

1　索绪尔：《普通语言学教程》，高名凯译，商务印书馆，1980年，第10页。

质也都被看成是结构性的。索绪尔用所指和能指之间的关系，以及两者之间在历时性序列和共时性结构[1]之间的关系，进一步革新了语言学关于语言符号的观念，任何语言要素的价值最终并且完全是由它的总的环境所决定的，一种语言所表达的种种概念也是由它的结构所界定和决定的。他们的存在不是固有的，不是肯定的，而是否定地存在着，“他们最确切的特征在于：别的概念所不是的，他们便是”。

对于索绪尔的结构主义的语言学，差异思想是最为本质和重要的原则。在语言中，只有那些没有肯定词语要素的差异。不论是以所指还是能指为例，语言都没有先于语言系统而存在的观念和声音，而只有来自这个系统的概念、语音的差异。德里达对此的认识极为深刻，并从此“差异”观点进而发展“延异”运动，作为解构主义的重要方法和策略。德里达指出：“源自索绪尔的语言学和以他为模式的所有结构科学都提醒我们，这些差异是任何意义和结构的条件。这些差异及其产生的分类科学是延异的结果；他们既不在天上，也不在大脑中，这不意味着他们是由某个说话主体的活动产生的，从这一点来看，延异这个概念既不能简单地被看作是结构主义的，也不能被看成是发生论的，相反，这样一种两者择其一的本身就是延异的‘结果’。”[2]德里达对结构主义的研究和批判并不止于索绪尔的

1　索绪尔：《普通语言学教程》，高名凯译，商务印书馆，1980年，第10页。索绪尔称为语言符号的句段的或水平的关系，和同时存在的联想的或垂直的关系。

2　德里达：《多重立场》，佘碧平译，三联书店，2004年，第10页。

语言学，随着结构主义运动向其他人文科学及社会运动的延伸，德里达解构主义的批判也应声而起，四处出击，在众多的领域获得盛名。

德里达总结索绪尔符号学的“一种绝对决定性的批判作用”在于：一是他指出所指和能指是不可分割的，所指和能指是同一产物的两面，并明确地不让这一对立或这一双面统一体符合身心之间的关系，这是反传统的。二是索绪尔强调符号学作用的差异的和形式的特性，表明“声音本身作为物质要素是不可能属于语言的”，而且语言能指根本不是语音的，并且让所指内容和“表达实体”非实体化，还将语言作为一般符号学的一个部分，“极力用从形而上学传统中借来的符号概念来反对形而上学传统”。另一方面，与此积极的批判特性相反对又相伴随的是，索绪尔还不能完全摆脱符号学上的形而上学传统，一是保持能指和所指之间的严格区分（这是一种本质的和合法的区分），所指和概念的相等，直接揭示了思考一个所指概念本身的可能性，这一概念对思想来说是简单在场的，它独立于语言，也即独立于一个能指系统的关系。通过揭示这一可能性索绪尔否认了我们刚才所说的批判收获。二是虽然索绪尔承认将语音实体加括号的必要性，但他认为，出于必要的和基本上是形而上学的理由，必须赋予言语以及维系符号和语音的一切连接物以特权。他谈到了思想和话语、意义与声音之间的直接联系。三是符号概念自身含有赋予语音实体以特权和将语言学树立为符号学的样式的必然性。四是要弱化能指的外在性就是要在符号学实践中排除一切非心理的东西。此外，索绪尔还将文字从语言学的领域中排除出去，将其视为一种外在表现的现象，既误用又有危害性。德里达指出："在索绪尔的《普通语言学教程》中所表现的心理主义、语音中心主义和对文字的拒斥，只有在《普通语言学教程》中所指出的形式主义和差异主题的基础上才能被批评。"[①]

二、结构主义运动

结构主义并不仅仅限于语言学的范围，更不限于索绪尔的研究。结构主义观念在当时构成了一场非运动的运动、非思潮的思潮，其众说纷纭又取材广泛，但在结构主义的方法论观念上达成了基本的共识，"当时，更经常地以追求非哲学或超哲学的方式出现的结构主义思想正凯旋高歌[②]"。

列维·斯特劳斯把结构主义从语言学推广到人类学研究，引领了法国学界的结构主义的时代。结构主义运动涉猎了人类学、精神分析学、文化考古学、文学理论等人文学科和社会学科领域，包括了雅各布森的结构主义语言学、罗兰·巴特的符号学和文学研究、拉康的精神分析学说等异彩纷呈的学术活动。结构主义运动盛行于20世纪60年代法国知识界，"不管从哪方面来说，结构主义都是一个恰如其分的精神纽带。这个纽带……以它复杂多变的方法论活动，使分裂的知识分子群体获

1　德里达：《多重立场》，佘碧平译，三联书店，2004年，第41页。

2　德里达：《书写与差异》(上)，张宁译，三联书店，2001年，第3页。

得想象的精神依靠。50年代中期以后，法国的思想界已经没有统一性可言，但关于结构的普遍化的想象，却使分裂的集体又获得一种象征性的共同性。由此可见，结构主义这种看上去纯粹的方法论活动，实际上有着相当强烈的意识形态背景"[1]。结构主义运动在第二次世界大战后法国的流行，一定的原因来自战后法国知识分子在左、右派之间的纷争和分化，库兹威尔总结为"结构主义的产生，至少对他的追随者来说，似乎是提供了一种免受马克思主义和存在主义这两者限制的体面地理智上的出路。它的主要哲学论断——一切社会现实最终可看成是迄今未发觉的共同的心理结构的相互作用——的主要影响之一，是使法国知识分子从马克思主义者所潜心研究的、在一定范围来说也是存在主义者所潜心研究的那些政治问题和政治理论中转移出来"[2]。

盛行于20世纪五六十年代法国知识界的结构主义运动，在什么意义上构成一种思想运动？从理论内容来看，他们的研究领域是极为广泛和相异的。而且结构主义运动代表人物的思想也不是一成不变的，其中有些哲学家甚至一开始就带有后结构主义或后现代主义的特征，德里达就是在参加结构主义的学术讨论会上发表了解构主义的宣言书——《人文科学话语中的结构、符号与游戏》。在此背景之下，如何把握结构主义运动的

1 陈晓明：《德里达的底线》，北京大学出版社，2009年，第52页。

2 伊·库兹威尔：《结构主义时代》，上海译文出版社，1988年，第5页。

统一性就是个复杂而重要的问题。结构主义运动的统一性首先表现在方法论的一致上。这是指结构主义的结构概念具有功能性的特征，无论是结构人类学、结构语言学还是结构主义文学批评等都将结构看成一种分析手段，针对不同的对象可以根据时间、空间和文本的变化而改变。另一方面，结构主义运动的统一性还表现在对主体形而上学的破解和超越。笛卡尔和康德所开启的以人为中心的主体反思体系，现在被无主体的更为客观化的结构分析所取代。从结构主义的实践看，“结构”失去了“主体”，成为纯对象性的构造形式及其运动，结构之中心不再是预先确定的，它在系统内不停地改变，“对象、结构和关联域进行相互规定，对象只能根据整体来理解，组织本身又被对象系统所决定”①。一切随着结构的变化而变化，主体理性的霸权地位被更为客观的意识结构——有时是潜意识的结构——所决定。

处于结构主义时代的阿尔都塞，同样采用结构主义的研究方法，研究马克思主义这一特殊的理论对象。阿尔都塞通过对马克思主义经典文本的“症候式”的阅读，批评了流行的人道主义的马克思主义观，重新获得“科学的马克思主义”的理论形象。这种主张回归马克思哲学和回归马克思的基础文本的研究方法，使法国左派知识分子重新确立了马克思主义的学术方向，使备受斯大林主义之苦的马克思主义获得了体面的学术上

1　布洛克曼：《结构主义》，商务印书馆，1980年，第15页。

的解脱[1]。然而作为学生的德里达并不接受阿尔都塞的论断，德里达如此表述对结构主义的马克思主义的态度："我并不相信会有什么决定性的猛然断裂，或者用现在时髦的说法即所谓明确的'知识论断裂'(epistemological break)。断裂一向是，而且命中注定总是要被不断反复地印刻，而将其印刻在上面的那块材料仿佛就是一件必须永不停歇、不断拆解开来的、陈旧的布料。这种永不停歇不是什么偶然和碰巧，而是本质性、系统性、理论性的东西[2]。"德里达批判结构主义的马克思主义试图对立早期马克思思想和成熟马克思思想，并用后者的科学压倒前者的意识形态性质的解读，在指出马克思思想发展的相互联系、不断变化的同时，把"马克思主义"复数化和幽灵化，消解了某种马克思主义（苏联马克思主义或存在主义的马克思主义）的解读权威。这一解构某种马克思主义阐释的权威的策略，不仅是对苏东剧变造成的欧洲马克思主义传播和共产主义运动衰落的时代政治的回应，而且具有解构主义一贯的反权威的阐释倾向。

三、解构主义与结构主义

结构主义运动，主要是法国的、巴黎式的知识分子的状况，成为德里达的解构哲学的重要理论背景。德里达指出："如果考

1　陈晓明：《德里达的底线》，北京大学出版社，2009 年，第 61 页。

2　德里达：《多重立场》，佘碧平译，三联书店，2004 年，第 28 页。

察一下法国的、或更窄一些，巴黎的大学和文化状况，例如结构主义、阿尔都塞的马克思主义、拉康的心理分析、布朗肖、列维－斯特劳斯、福柯和巴特等等盟主地位，那么就能更好地理解我试图做的[1]。”结构主义作为一种思想运动是德里达解构思想诞生的直接和理论场域社会场域，结构主义提出的能指与所指、共时性与历时性、时间与空间、意义与语言、语言与符号、价值与解释等问题都被吸收到解构思想中。反过来，德里达对结构主义的形而上学性也有着明确的认识。在德里达看来，尽管结构主义批判了主客体对立的机械性，以一种相对灵活多变的结构系统替代它，系统结构的中心因需要而变化，但这种相对的灵活性的结构仍然未能摆脱形而上学的思维模式。“无论如何，结构或结构的结构性始终被中心、起源所构成，没有组织体系的结构是不可想象的”，“一种丧失任何中心的结构仍是不可思议的[2]”。

德里达针锋相对地就“结构”概念提出批判，认为在结构的构成中起决定作用的那个中心法则并不存在，“即中心并不存在，中心也不能以在场者的形式去被思考，中心并无自然的场所，中心并非一个固定的地点，而是一种功能，一种非场所，而且在这个非场所中符号替换无止境地相互游戏着。那正是语言进犯普遍问题链场域的时刻；也是中心或始源缺席的时

1　德里达：《一种疯狂守护着思想》，何佩群译，上海人民出版社，1997年，第277页。

2　德里达：《书写与差异》（上），张宁译，三联书店，2001年，第278页。

候，一切变成了话语的时刻——条件是在这个话语上人们可以相互理解——也就是说一切都变成了系统，在此系统中，处于中心的所指，无论它是始源的或先验的，绝对不会在一个差异系统之外呈现。先验所指的缺席，无限地延伸向意谓的场域和游戏”[1]。这样就自然中断了结构主义的分析模式，一切变成了失去稳定性和安全感的符号游戏，对世界和事物的解释变得不再确定。也正因如此，德里达对解构不下定义，“我不要求对解构进行限定，因为解构本身无法做到这一点”，甚至“解构自身的解构”也是必不可少的。

解构主义在法国的确立地位和在世界的影响都是与结构主义的盛行相关的。“当我是用这个词的时候，结构主义处于统治地位：解构在当时被认为同时具有结构主义和后结构主义的姿态。”[2]解构主义对结构的封闭性、根基性以及整个结构的反思，并不只是对结构的摧毁，而是渴望结构的敞开。解构主义在美国的登陆和盛行也是与结构主义思潮相关的。1966年结构主义思潮正是借助霍普金斯大学的关于人文学科语言的大会登陆美国，与会的有斯特劳斯、巴特、拉康等结构主义思潮的代表人物。作为后起之秀的德里达却以一篇《人文学科话语中的结构、符号和游戏》，直接批判了以斯特劳斯为代表的结构主义。这篇论文成为解构主义登陆美国的标志，也是解构主义批判结构主

1　德里达：《书写与差异》（下），张宁译，三联书店，2001年，第503页。

2　德里达：《多重立场》，佘碧平译，三联书店，2004年，第122页。

义的公开宣言。

德里达指出："尽管我对结构主义名下的许多工作满怀敬意，但我还是对它的那些哲学预设提出了质疑，即向已构成的科学，如语言学与生物学借用结构模式，然后将之转换到所有领域中去的那种想法。"①

1 德里达：《书写与差异》（上），张宁译，三联书店，2001年，第3页。

第二章

延异与异化

相对于德里达的解构哲学来看，马克思的形而上学批判表现了较为单一的批判对象和较为明晰的发展线索，概括为对黑格尔的思辨唯心主义辩证法的批判和超越。黑格尔哲学对马克思哲学发展的影响，以及马克思对此的自觉反思和批判，贯穿并表现在马克思哲学发展的文本过程和历史过程中。马克思哲学思想的发展和成熟，不能否认和忽视早期受到黑格尔哲学及青年黑格尔派的影响，更要重视马克思自我肃清和批判青年黑格尔派的影响的转变过程。在马克思哲学萌芽的初期，他对黑格尔哲学既借鉴又批判的双重关系决定了《1844 年经济学哲学手稿》的文本样态和思想表达。在马克思主义哲学史上，《1844 年经济学哲学手稿》的公之于世有着离奇的历史遭遇，在其问世后又引起了广泛的热议和论争。马克思在这一手稿中阐发的、关于人的“类本质”及其异化和共产主义“作为人类的本质的复归”的思想，不仅触发了西方马克思主义的不同的流派和观点，也对苏联正统马克思主义的体系及其传播构成挑战。关于1844 年经济学哲学和青年马克思的人道主义“异化”思想，不仅西方马克思主义不同流派之间存在不同的评价和争论，而且在我国马克思主义发展史上更是促成了广泛的讨论和产生了重要的意义。

在20世纪六七十年代西方马克思主义各流派中，对于青年马克思及其1844年经济学哲学中的思想，存在主义哲学和结构主义哲学给予不同的解读和评价。“二战”后，存在主义哲学在法国的领军人物萨特表现出活跃的政治活动和理论活动，萨特接续海德格尔对马克思主义的人道主义解读，认为存在主义是寄生在马克思主义哲学上的一种思想体系，但马克思主义由于教条化而把一切具体的活动归结为一成不变的阶级斗争，而不关心具体环境中的特殊的人，存在主义正是在补充马克思主义的“人学空场”的意义上得以存在。萨特还声称用“人学辩证法”代替“唯物辩证法”。与此相反，结构主义的马克思主义代表人物阿尔都塞则做出了截然相反的解读和评价。他认为“（存在主义）的思想出发点，同认识马克思，甚至同简单地了解马克思的思想形成过程，都是格格不入的”[①]。1844年经济学哲学中的劳动者的异化、解放以及人类未来等人道主义熟悉的概念，注定是要改变其含义，摆脱“哲学施加他们的最后的权威”，在这里“哲学”是马克思后来予以彻底否定的那种意义上的哲学[②]。关于1844年经济学哲学的政治立场和理论立场，阿尔都塞主张进行必要的区分，并指出“1844年经济学哲学使我们清楚地看到了在马克思最后转变成为马克思的时候，在他实行既

1 阿尔都塞：《保卫马克思》，顾良译，商务印书馆，2010年，第146页。

2 阿尔都塞：《保卫马克思》，顾良译，商务印书馆，2010年，第149页。

是最后一个又是第一个彻底转变的时候，他的既是胜利的又是失败的思想”[1]。在关于1844年经济学哲学中的异化思想及其历史地位的评价上，德里达面对着相互分别和对立的两种立场，即都被德里达解构主义所批判和解构的，存在主义和结构主义的两种理论立场。

在存在主义和结构主义对马克思“异化”思想的不同解读之后，德里达却并未重点针对或深入讨论《1844年经济学哲学手稿》以及青年马克思的思想，而是从《德意志意识形态》《共产党宣言》和《资本论》等成熟著作的相互砥砺和碰撞中解读马克思哲学，这一选择是潜在地契合于阿尔都塞关于青年马克思思想的“意识形态性”的判断，还是由于解构主义的内在逻辑决定了他对青年马克思的“异化”思想的拒绝？《1844年经济学哲学手稿》中的异化主题和辩证法逻辑，是否对德里达进行马克思哲学思想的“解构”和“继承”具有重要的理论价值？首先，德里达的解构主义对西方左派思想和运动，尤其马克思主义运动表示同情和关注；德里达在马克思主义和社会主义运动在苏联和东欧遭受挫折，同时在西欧社会运动中也逐渐败落的时代背景下，提出继承马克思的批判精神和思想遗产，需要强大的政治同情以及关注。其次，德里达认为苏联正统马克思主义，甚或一切关于马克思主义的占统治地位的学说都有形而上学化和僵化的危险。1844年经济学哲学的存在主义的

1　阿尔都塞:《保卫马克思》，顾良译，商务印书馆，2010年，第152页。

"人道主义解读"和结构主义的"意识形态解读"，对德里达的理论研究具有重要的理论价值。在这样特殊的时代背景和理论条件下，德里达对"马克思致敬"固然饱含了时代因素和政治意味，同时还应深入探寻德里达赞同马克思思想作为一种"批判的精神"的哲学内涵和理论意义，即马克思思想批判和自我批判、不断适应时代发展的进步特征。

本章研究的难点在于，如何把"异化"同"延异"联系在一起相比较呢？两者并不存在词源学上的直接联系或区别，德里达关于马克思《1844年经济学哲学手稿》中的异化思想也没有专门的研究。但是，在批判黑格尔的思辨唯心主义的形而上学上，德里达的"延异"基础上的解构同马克思的异化思想和自我批判就具有比较的可能性。同时，在批判黑格尔的形而上学的意义上，德里达的解构和马克思的批判也存在对比研究的价值。在这一意义上，黑格尔关于"同一与差异"、否定之否定和扬弃"异化"的辩证法思想，构成了连接马克思和德里达的比较的中介。在对黑格尔的思辨辩证法批判的意义上，德里达的解构哲学和马克思哲学构成了比较意义。同时，德里达基于"延异"对黑格尔思辨辩证法的批判，同时构成对马克思人道主义价值观和"异化—扬弃"逻辑的批判，从而从另一角度揭示了马克思超越人道主义异化思想的必然性。在这一意义上，解构主义关注马克思主义文本的"异质性"，即它怎样一面打破了唯心主义传统尤其是黑格尔的传统，一面又怎样在更深的层次上，依然受到形而上学的主题和逻辑的统辖。

本章的讨论是从回溯黑格尔的思辨唯心主义哲学开始的，主要针对德里达和马克思各自阐发延异和异化思想所遵循的思维逻辑的区别而展开的。青年马克思的人道主义异化思想对黑格尔的“扬弃—异化”辩证逻辑有没有继承和模仿？马克思对黑格尔思辨形而上学的批判和超越的内容是什么？与此相对的，德里达的解构哲学将黑格尔的思辨辩证法看作逻各斯中心主义的起源和典型加以批判。因此，本章的内容便归结为如下的问题：（一）黑格尔的思辨辩证法如何保守了传统形而上学的概念和逻辑？（二）青年马克思的异化思想如何借鉴了黑格尔的辩证逻辑，又如何超越了黑格尔的唯心主义形而上学？（三）德里达对黑格尔异化和辩证法思想的批判如何适用于对青年马克思的异化思想的逻辑解构？

第一节　黑格尔与“异化—扬弃”辩证法

黑格尔哲学对后世哲学的巨大影响，不仅表现在树立了现代哲学批判和超越的对象，而且表现为对后世哲学的发展方向的主导和影响。在黑格尔哲学之后，哲学的发展大致展现为三个方向：一是在黑格尔体系内的，青年黑格尔派和老年黑格尔派（或左派、右派）关于黑格尔哲学体系的理解和争论。然而，在马克思看来，面对黑格尔哲学的思辨唯心主义，任何一种对它进行简单的反对、反转、否定、克服、扬弃或补充的努力，仍然局限在黑格尔哲学体系的可能范围之内。“对黑格尔的依赖关系正好说明了为什么在这些新出现的批判家中没有一个人试图对黑格尔体系进行全面的批判，尽管他们每一个人都断言自己已经超过了黑格尔哲学。他们和黑格尔的论战以及他们相互之间的论战，只局限于他们当中的每一个人都抓住黑格尔体系的某一方面，用它来反对整个体系，也反对别人所抓住的那个方面[①]。”二是以非理性或反理性为基础，批判和反叛黑格尔哲学的绝对理性主义形而上学，出现了尼采的超人哲学，弗洛伊德的潜意识精神分析理论等。然而，由非理性或反理性决定了这些哲学形态以及哲学内容，虽然开启了哲学研究的新视域，但却因为缺乏严密的逻辑论证和科学的体系精神，而未能引领哲学发展的新里程。第三个更为明显，也是更大影响和更大成就的方向，就表现为马克思对黑格尔哲学的批判和超越。马克思对黑格尔哲学的批判和发展，不仅实现了从思辨唯心主义向历史唯物主义的革命变革，而且在唯物史观基础上形成了对人类社会及其发展规律的科学认识，更引领了影响整个欧洲和遍布全世界的共产主义运动。

本节把黑格尔作为连接解构主义和马克思主义之间相互比较的中介。一方面，黑格尔的绝对唯心主义哲学堪称近代理性形而上学的集大成者和最高典范，现代哲学的产生和发展很大程度上表现为对黑格尔哲学的反叛和批判。在这同一个批判对

1 《马克思恩格斯选集》，第一卷，中央编译局译，人民出版社，1995年，64页。

象上，马克思主义对黑格尔哲学的批判和超越与德里达的解构主义对黑格尔哲学的批判能够达成共识。具体来讲，黑格尔的扬弃（否定之否定）辩证法是其思辨唯心主义的逻辑结构，德里达对“同一与差异”的辩证关系”以及“异化—扬弃”的逻辑结构的解构，是以作为“绝对的、源初的差异”的“延异”为基础的，“延异”与“差异”和“异化”之间存在极为曲折而复杂的关系。然而另一方面，在青年马克思的思想发展历程中，黑格尔的“异化”概念和思辨辩证法有着特殊的影响和重要地位，我们需要辩证地看待黑格尔哲学和马克思哲学之间的关系。其间，既有青年马克思对黑格尔自我意识哲学和辩证法逻辑的服膺，也有马克思对唯心主义辩证法和黑格尔形而上学的批判。因此，作为从“延异”和“异化”概念上寻找德里达和马克思的契合与悖谬的前提，黑格尔的“同一与差异”“否定之否定”“异化与扬弃”等概念及其辩证逻辑，就成为本节研究的主题。

一、同一与差异

同一和差异、肯定和否定是构成黑格尔辩证逻辑的最基本元素。其中，两对概念之间又可类比于柏拉图的“通种”的联系，即同一既是对自身的肯定又是对差异的否定，同样差异既是对同一的否定也是对差异的肯定。黑格尔对“同一和差异”的基本特征的描述集中在“逻辑学”的知识范围内，在《逻辑学》和《小逻辑》中又略有不同。《逻辑学》的主要范畴和体系是“同一——区别——矛盾”,《小逻辑》的主要范畴和体系是“同一——差别——根据”。矛盾可以作为对立的特殊阶段从属于差别，根据与同一和差别的并列则标示了辩证关系的完成。

同一是黑格尔思辨逻辑的第一个形态，是逻辑和认识的起点。然而，在这一阶段呈现出来的只是单纯的同一,一切多样性和差别性都是潜在的、自在的、尚且没有得到反映的。在黑格尔那里，自在包含隐藏在某种事物、某种过程或某种概念之中而未发展的对立所具有的原始同一性。原始的同一性向前发展，通过同一性的自我否定，就实现了差别或者区别。黑格尔把差异具体分为内在的（本质的）差异和外在的差异，所谓外在的差异即“差别是直接的差别和差异性，在差异性中各个有差别的东西就像它们原来那样，是各自独立的，对于它们与他物的关系也是漠不相关的，因此这种关系是一种对他们来说的外在的关系”[①]。所谓内在的差异即事物本质的差异,“自在的差别是本质的差别，是肯定的东西和否定的东西的差别……每个东西只有在它与他物的联系中才有它自己的规定，只有它映现到他物中，才映现到自身中，而且他物也是如此”[②]。

外在的差异中包含着相等和不相等的内在对立，在这种对立中，两者并非彼此毫不相干的方面或观点，而是一方映现在另一方之中，相等只是彼此不相同的、不同一的事物之间的同一，不相等就是不相等的事物的关系。相等和不相等统一于每

1　黑格尔:《逻辑学》，梁志学译，人民出版社，2002年，第224页。
2　黑格尔:《逻辑学》，梁志学译，人民出版社，2002年，第227页。

个事物的性质中，即每个事物都具有这两个方面或两种性质。相等是事物对自己作为自己的否定，因为相等意味着和其他事物同一，失去了自身存在的意义，因而也就是自身与自身的不同一；而不相等却是对自己的肯定，因为在不相等中，事物表露出作为自己的特殊存在，证明了自己存在的意义，因而可以说是自身与自身的统一。但从另一方面来看，情况却恰恰相反，一事物与其他不同事物的相等或同一，否定了自己的孤立性、抽象性和不现实性，因而证明了自己的真实性和存在；而它与其他事物的不相等，却是对自己的孤立性、抽象性和不现实性的肯定和证明，因而也是对自己的存在的否定。因而肯定和否定的对立是相等和不相等的对立的进一步的延伸，是更深刻的本质差别、内在差别，是事物自身的差别，每一事物本质上讲对自身既是肯定的又是否定的。

同一和差异、肯定和否定之间既是相互对立的，又是相互转化的。对立即是一般的矛盾，而矛盾则是对立的高级阶段和对立双方转化发展的动力。同一、差异和对立之过渡为矛盾，正像它们之过渡为真理一样。“假如要谈到高低次序……那么，必须承认矛盾是更为深刻的、更本质的东西。因为同一与矛盾相比，不过是单纯的直接物，僵死之有的规定，而矛盾则是一切运动和生命的根源；事物只因为自身有矛盾，它才会运动，才具有动力和活动[①]。”矛盾展示了事物全部丰富性和多样性，具有许多规定的综合和多样性的统一。但是，矛盾本身仍

1 黑格尔：《逻辑学》下卷，杨一之译，商务印书馆，1976年，第66页。

然还不是同一，更不是具体的同一。虽然矛盾是事物生命和发展的根源和动力，“某物之所以有生命，只是因为他自身包含着矛盾，并且诚然是矛盾在自身中把握和保持住力量。但是，假如一个存在物不能够在其肯定的规定中同时袭取其否定的规定，并把这一规定保持在另一规定之中，假如他不能够在自己本身中有矛盾，那么，它就不是一个生动的统一体，不是根据，而且会以矛盾而消灭[①]”。

根据是矛盾的平息和解决，是矛盾的归宿和必然结局。黑格尔常常用矛盾“消解”“扬弃”“毁灭”的，来比喻矛盾进入了根据。“对立物在自身中的不断消失，是通过矛盾而出现的紧接着的统一体，这个统一体是零[②]。”根据是新的、更高级的同一性，是作为辩证发展的结果出现的“否定之否定”。黑格尔的辩证法的核心动力在于否定性，黑格尔哲学的最大的和隐藏的秘密在于：对于否定的积极的原初的功能，他真正认识到了、赞许和要求了，但是——只是为了扬弃它，以及把它吸取到那绝对者的内在生活中去。黑格尔是在批判康德的“二律背反”说的同时，形成了否定之否定的辩证法思想。黑格尔认为，康德具有辩证法的本能，康德将十二个范畴分成四类，每一类又由三个范畴构成，“第一个范畴是肯定的，第二个范畴是第一个范畴的否定，第三个范畴是前二者的综合。三一形式虽只是公

1　黑格尔：《逻辑学》下卷，杨一之译，商务印书馆，1976年，第67页。

2　黑格尔：《逻辑学》下卷，杨一之译，商务印书馆，1976年，第60页。

式，自身却潜藏着绝对形式、概念[1]”。康德是要通过这些范畴去规定无限者，考察理性把握世界的能力，但有限的现象内容与被认定为无条件的、无限的理性之间始终存在着“二律背反”的逻辑悖论。黑格尔评价说，尽管康德认识到辩证法的光辉，但仍然遵循一面必定是正确的，另一面必定是应该被推翻的悖反逻辑，未能实现辩证演绎的统一。

黑格尔正是在“否定之否定”的既保存同一又保存差异，既保存肯定又保存否定的更高级的“具体的同一”中，实现了同一与差异的二元对立的辩证运动历程。因此，黑格尔的思辨唯心主义逻辑表现为从抽象的、单纯的同一，经过自我设定的否定，达到具体的、吸取了差异的、多样性的同一的过程。这里的起点和终点都是同一，从而构成了同一对差异的霸权地位，及同一对整个辩证逻辑的主导和掌控，这一保守倾向是黑格尔辩证法逻辑的形而上学实质。

二、异化与扬弃

在纯粹认识的逻辑学领域之外，黑格尔更多地使用异化和扬弃概念表达事物通过否定和否定之否定实现辩证发展的过程。扬弃概念最能反映黑格尔既保存又超越的辩证发展观，扬弃在语言中，有双重意义，它既意味保存、保持，又意味停止、终结，所以，被扬弃的东西同时是被保持的东西。“异化—扬弃”

1　黑格尔:《哲学史讲演录》，贺麟译，商务印书馆，1996年，第269页。

辩证法是黑格尔用来抽象概念和推演理论的重要逻辑，贯穿于黑格尔说明人类意识、自然世界、社会历史甚至绝对知识等的发展过程的基本原则。

首先，黑格尔用“异化和扬弃”辩证法说明作为主体的自我意识向客体的发展和向自身的复归。在黑格尔那里，人的本质、人和自我意识是等同的，人作为绝对精神的承担者，其本质是抽象的自我意识，自我意识具有追求自由的力量和潜在的无限丰富性，追求自由的力量推动自我意识把自身潜在的丰富内容展示出来。展示的方式就是作为主体的自我意识把自己对象化到一个客体中，并通过认识这一客体，达到对自己的本质力量和丰富内容的认识。黑格尔认为，作为主体的对象化的客体，是主体的一种外在的形式，是对主体的一种否定。在此意义上，他把主体的对象化叫作异化。人的劳动，在黑格尔看来就是自我意识的异化和异化的不断扬弃的过程，是主体异化为客体再回复到主体的一系列否定之否定的过程的连续。在每一个这样的否定之否定的扬弃之后，自我意识对自己的本质力量和丰富内容的认识就进到一个新的高度。

对于自我意识通过客观知识上升到绝对知识的辩证过程，黑格尔认为在这样的辩证过程之后，自我意识的确定性达到了真理性。在对精神现象的分析中，自我意识居于从意识向理性过渡的中心地位，“意识在自我意识里，亦即在精神的概念里，才第一次找到它的转折点，到这个阶段，它才从感情的此岸世界之五彩缤纷的假象里，并且从超感官的彼岸世界之空洞的黑夜里走出来，进入到世界的精神的光天化日”[①]。因此，自我意识不仅作为意识发展的辩证过程中的重要转折点，而且具有早已涵括了绝对知识的真理特征。无论从否定之否定原则推定的辩证发展过程，还是从意识经由自我意识向绝对真理的发展过程，都潜含着每对范畴间的二元对立及霸权关系，这种二元对立系统及其中的霸权关系就是黑格尔继承和发展形而上学传统的最突出表现。

其次，黑格尔还用辩证发展来论说一切人类的（精神的）现象和社会现象。一方面人类个体精神的发展遵循着辩证发展的途径，在个体的成长中，我们可以看到，从单纯的无知的婴儿开始，经过了不同阶段的分离和异化，才达到成熟和自我认同。马克思在《德意志意识形态》中批判施蒂纳关于“儿童—青年—成人”的自我意识发展历程时，指出“这种关于人生阶段的全部虚构的原型，早就在黑格尔‘哲学全书’第三部中出现过，而它的‘各种转变’也在黑格尔著作的其他地方发现过”[②]，马克思指出意识发展过程的本质是用意识之间的差别构成了个人的生活，完全忽略了个人的物质生活和社会生活。

然而，即使是说明社会历史的发展过程，黑格尔仍然没有摆脱唯心主义辩证逻辑的束缚。在他看来，社会历史是从简单

1　黑格尔：《精神现象学》，上册，贺麟、王玖兴译，商务印书馆，1996年，第122页。

2　马克思、恩格斯：《马克思恩格斯全集》，第三卷，人民出版社，1962年，第130页。

统一的共同体开始，经过不同形式的分离和异化，向现代社会的自由形式发展。在这种现代社会的自由形式中，个体性和差异性被包含在了一种统一的社会秩序中。马克思总结为："在黑格尔法哲学中，扬弃了的私法等于道德，扬弃了的道德等于家庭，扬弃了的家庭等于市民社会，扬弃了的市民社会等于国家，扬弃了的国家等于世界历史。在现实中，私法、道德、家庭、市民社会、国家等依然存在着，它们只是变成环节，变成人的存在和存在方式，这些存在方式不能孤立地发生作用，而是互相消融、互相产生等。"① 马克思批判黑格尔实际使用宗教哲学、自然哲学、国家哲学、艺术哲学代替了宗教、自然界、国家和艺术的真正存在，而这样就否定了实际存在的、现实的宗教、自然、国家艺术等。

再次，黑格尔的思辩逻辑甚至贯穿黑格尔的整个唯心主义体系。黑格尔哲学体系分为三个部分：逻辑学、自然哲学和精神哲学。逻辑学研究理念的自在自为特征，以及思辩范畴演绎的抽象展开形式；自然哲学研究理念的外在化他性特征，自然存在的现象和物质提供了辩证法的充分证明；精神哲学研究理念的他性返回自身的特征，辩证法的精神得到最终的实现，三部分构成辩证法的整体运动。"扬弃了的绝对观念等于自然界，扬弃了的自然界等于主观精神，扬弃了的主观精神等于伦理的客观精神，扬弃了的伦理精神等于艺术，扬弃了的艺术等于宗

1　马克思：《1844年经济学哲学手稿》，中央编译局译，人民出版社，2000年，第110页。

教，扬弃了的宗教等于绝对知识。”[1] 所以黑格尔整个哲学体系体现了“大写的逻辑”，是辩证法不断演绎的过程和结果，充分体现黑格尔哲学作为“形而上学的完成、终结和实现”的特征。

总之，黑格尔以主客体之间的异化和扬弃关系为基础，来说明人类的精神现象和社会现象。在这里，黑格尔的辩证逻辑仍然保留了“同一性”逻辑的巨大力量和形而上学的保守性。这一形而上学的保守性体现在：（1）黑格尔论述了主体创造客体并把握客体的过程，并且指明了主体创设客体不是随意的，而是按照主体的潜在的本质力量和丰富内容所决定的某种规律进行的。（2）主体和客体之间具有同一性，这种同一性是以精神为基础的。（3）主体异化为客体虽然是对主体的否定，但这种否定只是达到主体完成自我复归即完成否定之否定的一个环节，否定的方面是消融在肯定的方面之中的。

第二节　马克思异化思想对黑格尔辩证法的批判

在马克思哲学产生和发展的过程中，他始终把对黑格尔思辨唯心主义的批判作为重要的哲学问题和思想发展的重要途径。在黑格尔哲学代表了近代理性形而上学的巅峰的意义上，马克

1　马克思：《1844年经济学哲学手稿》，中央编译局译，人民出版社，2000年，第111页。

思的形而上学批判主要是通过对黑格尔哲学的批判和超越来实现和完成的。然而，不可否认的是，在马克思哲学的发展历程中，他同黑格尔哲学以及“仍然拘泥于黑格尔的逻辑学”的青年黑格尔派哲学之间，具有既受其影响又主动反思的双重性。作为最初的、突出的表现，《1844 年经济学哲学手稿》中马克思的“劳动异化”思想和他对“黑格尔的辩证法和整个哲学的批判”展现了马克思思想发展的一段真实历程。

在这里，马克思的“劳动异化”思想首先是指马克思关于“人的类本质及其异化”的规定和描述，其次是马克思认为“共产主义是人的自我异化的积极扬弃和人的本质的复归”。其中，无论是从人的对象性意识和对象化活动出发，指出人的类本质是“自由的有意识的活动”，还是从对象化变为外化、异化从而使人的生命活动从生活的目的降为生存的手段，都显然受到黑格尔绝对唯心主义哲学和青年黑格尔派自我意识哲学的影响，同样受到费尔巴哈人本学的宗教批判影响。而关于“共产主义是人的自我异化的积极扬弃和人的本质的复归”也受到黑格尔“异化—扬弃”思辨逻辑的影响。与此相对立的，马克思还自觉反思和批判了黑格尔哲学的唯心主义思辨性质。

一、人的类本质及其异化

在《1844 年经济学哲学手稿》中，马克思提出了异化劳动的四个规定，即（1）工人对自己的劳动产品的关系是对一个异己的对象的关系；（2）工人劳动活动本身的异化；（3）人的类本质变成对人来说异己的本质，变成维持他的个人生存的手段；（4）人同人相异化。从马克思的论述顺序来看，人的类本质的异化是劳动异化的结果和表现，即劳动异化使得人自己的身体和无机的身体（在他之外的自然界）与人相异化，使得人的物质存在和精神本质同人相异化，使得人同自身也同他人相异化。而实际上，人的类本质及其异化是马克思异化思想的逻辑前提。在政治经济学的实证研究之外，马克思还诉诸从人的类本质及其异化的角度解释和批判现实社会（资本主义社会）的苦难。马克思关于人的类本质及其异化思想，一定程度上是抽象概括和逻辑推演的结果。

首先，人是类存在物。"类存在物"还不是对人的社会性的概括。在这里，类存在物是在同动物相联系和区别的意义上定义的。一方面，人和动物都具有类生活，"无论是在人那里还是在动物那里，类生活从肉体方面来说就在于人和动物一样靠无机界生活"①。另一方面，人在类生活上具有相比动物的特殊性和普遍性，即人的意识活动不仅使自然界成为人的精神的无机界，而且人还把自己的生命活动本身作为自己意志和自己意识的对象。这一独特的生命活动使人的类生活更具普遍性。

其次，对象性和对象化是人的生命活动的本质。对象性是人的意识活动的根本特性，人只有具有了意识和自我意识，才能够自觉地区别自身和外界，并推动意识实现从内在向外在、

1　马克思：《1844年经济学哲学手稿》，中央编译局译，人民出版社，2000年，第56页。

从意识向存在的转化，体现为对象化活动及其产物。马克思指出："人不仅像在意识中那样在精神上使自己二重化，而且能动地、现实地使自己二重化，从而在他所创造的世界中直观自身。"① 正是在改造世界的对象化活动中，人才真正地证明自己是类存在物。

第三，从对象化活动到异化劳动中的颠倒关系。自由的有意识的生命活动使人区别于动物的生命活动，使得人作为有意识的存在物能够从事自由的活动，而"异化劳动把这种关系颠倒过来了，以致人正因为是有意识的存在物，才把自己的生命活动，自己的本质变成仅仅维持自己生存的手段"②。

由此，人的类本质即自由的有意识的生命活动的异化，是劳动异化的逻辑前提和内在本质。马克思在抽象设定人的类本质的基础上，用人的对象化活动异化为工人劳动，来揭示和批判私有财产基础上的资本主义社会的颠倒现象，即实证地考察现实社会中异化劳动的四个规定：

（1）劳动产品与工人相异化，即工人生产得越多，他能够消费得越少；他创造的价值越多，他自己越没有价值、越低贱；工人的产品越完美，工人自己越畸形；工人创造的对象越文明，工人自己越野蛮；劳动越有力量，工人越无力；劳动越有技巧，工人越愚笨，越成为自然界的奴隶。

1　马克思：《1844 年经济学哲学手稿》，中央编译局译，人民出版社，2000 年，第 58 页。

2　马克思：《1844 年经济学哲学手稿》，中央编译局译，人民出版社，2000 年，第 57 页。

（2）劳动本身与工人相异化。工人在自己的劳动中不是肯定自己，而是否定自己，不是感到幸福，而是感到不幸，不是自由地发挥自己的体力和智力，而是使自己的肉体受折磨、精神受摧残，因此劳动者在劳动之外才感到自在，而在劳动之中则感到不自在，他在不劳动时觉得舒畅，而在劳动时就觉得不舒畅。因此，他的劳动不是自愿的劳动，而是被迫的强制劳动。

（3）人的类本质与工人相异化。异化劳动从人那里夺去了他的生产对象，也就从人那里夺去了他的类生活，把人对动物的所具有的优点变成缺点；异化劳动把自主活动、自由活动贬低为手段，也就把人的类生活变成维持人的肉体生存的手段。

（4）人与人相异化，即社会的异化。在异化劳动的条件下，每个人都按照他自己作为工人所具有的那种尺度和关系来观察他人。通过异化劳动，工人生产出一个对自己劳动生疏的、站在劳动之外的人对这个劳动的关系。工人对劳动的关系生产出资本家和这个劳动的关系，生产出工人和资本家的关系。

因此，在马克思的异化劳动思想中，在他对人的类本质及其异化的规定和描述中，既有从先验本质及其逻辑运演出发的理论观照，也有从国民经济学批判和实证研究得来的经验现象总结。从马克思关于人的类本质及其异化逻辑的规定和描述中，不难看出黑格尔绝对唯心主义哲学、青年黑格尔派的自我意识哲学，以及费尔巴哈的人本学和宗教批判的影响。首先，人的意识及其对象化和异化，是黑格尔哲学的重要内容。马克思指出，在黑格尔看来，人的本质是自我意识，人的本质的异化是自我意识的异化。“异化——他从而构成这种外化的以及这种外化之扬弃的真正意义——是自在和自为之间、意识和自我意识之间、客体和主体之间的对立，就是说，是抽象的思维同感性的现实或现实的感性在思想范围本身内的对立。”[①]其次，青年黑格尔派对自我意识的关注和推崇也深深影响了马克思的哲学观点。尤其是布鲁诺—鲍威尔抓住黑格尔哲学中的一个方面——抽象的人的自我意识，他的关于“自我意识设定世界、设定差别，并且在它所创造的东西中通过扬弃自身同创造物之间的差别来创造自身”的自我意识哲学，仍然拘泥于黑格尔的逻辑学。第三，费尔巴哈的宗教批判把宗教的虚幻本质还原到人的本质。他认为，宗教中的上帝就是人的本质的异化。在他看来，人的本质是理性，上帝是理性迷误的产物，由于理性的迷误产生出一个反对自己、统治自己的异己力量。因此，他主张废除有神宗教，把异化了的本质交还给人。而他关于人的本质规定也仍然局限在抽象规定的范围内。马克思的“人的类本质”规定也同样是在同动物本质的联系和区别中抽象概括而来的，尚且不是对“现实的人”的本质的科学揭示。

二、共产主义是异化的扬弃和人的类本质的复归

在《1844年经济学哲学手稿》中，马克思还深受“异化—

1　马克思：《1844年经济学哲学手稿》，中央编译局译，人民出版社，2000年，第99页。

扬弃”逻辑的影响。马克思在批判地考察圣西门、傅里叶等的社会主义、共产主义思想的基础上，提出：“共产主义是私有财产即人的自我异化的积极的扬弃，因而是通过人并且是为了人而对人的本质的真正占有；因此，它是人向自身、向社会的即合乎人性的人的复归，这种复归是完全的，自觉的和在以往发展的全部财富的范围内生成的。这种共产主义，作为完成了的自然主义 = 人道主义，而作为完成了的人道主义 = 自然主义，它是人和自然界之间、人和人之间的矛盾的真正解决，是存在和本质、对象化和自我确证、自由和必然、个体和类之间的斗争的真正解决。它是历史之谜的真正解答，而且知道自己就是这种解答。”①

首先，共产主义是私有财产的积极扬弃。马克思通过对劳动异化的考察说明和揭示了私有财产的产生和事实，私有财产是异化劳动的产物、结果和必然后果。在此基础上，马克思用“自我异化的扬弃同自我异化走的是一条道路”来概述从私有财产即人的自我异化回复到人的本质重新占有的过程。而“通过人并且是为了人而对人的本质的真正占有”更加疑似存在“人的本质设定自身，通过人的异化与自身的差别，实现人的本质的更高级的、再次占有的目的”的思辨逻辑。除了人的类本质及其异化的设定和描述所具有的抽象性和先验性之外，这里的“本质——异化——扬弃（复归）”的逻辑，如果没有马克思对

1　马克思：《1844年经济学哲学手稿》，中央编译局译，人民出版社，2000年，第81页。

黑格尔的否定之否定思辨逻辑的抽象唯心性质的批判，就可能沦为抽象思维的环节，而不能揭示现实的历史运动。

第二，共产主义是人向自身、向社会的既合乎人性的人的复归。马克思在人自身和社会双重意义上理解合乎人性的即人的本质，但是马克思关于个人和社会之间的关系的理解是直接的。尽管马克思指出“社会性质是整个运动的普遍性质；正像社会本身生产作为人的人一样，社会也是由人生产的。活动和享受无论就其内容或就其存在方式来说，都是社会的活动和社会的享受”，尽管马克思指出“社会的活动和社会的享受绝不仅仅存在于直接共同的活动和直接共同的享受这种形式中”，尽管马克思指出应当避免把社会当作抽象的东西同个体对立起来，但是这里关于人的自身和社会双重意义上的人性理解仍然是以个体和社会的抽象差别为基础的。马克思关于人的社会属性和社会关系的科学认识，只有在实践的物质生产中考察“现实的人”的基础上才能建立。

第三、自然主义和人道主义的统一。马克思把共产主义作为一系列二元对立，即人和自然界之间、人和人之间的矛盾，存在和本质、对象化和自我确证、自由和必然、个体和类之间的斗争，主观主义和客观主义、唯灵主义和唯物主义、活动和受动之间的对立的真正解决。马克思正确地发现了“理论的对立本身的解决，只有通过实践方式，只有借助人的实践力量才是可能的”正确方向，并提出了理论对立的解决绝对不仅仅是认识的任务，而是现实生活的任务。但是马克思此时对实践及其意义的认识还是简单地停留在直接的感性和工业实践的层次上，这一点受到费尔巴哈人本学的感性特征的影响。

三、对黑格尔辩证法和古典哲学的批判

马克思批判传统形而上学、实现哲学革命变革的思想历程，很重要的一个方面就是批判黑格尔思辨唯心主义，拯救其中辩证法的合理内核。马克思对黑格尔哲学的批判，同时是与他对青年黑格尔派和费尔巴哈哲学的批判密不可分的。一方面是黑格尔哲学构成马克思同青年黑格尔派以及费尔巴哈的共同的批判和超越的对象，虽然他们在对黑格尔哲学批判的基础、水平、价值上各不相同；另一方面，马克思的哲学发展也要清算和批判青年黑格尔派以及费尔巴哈对马克思思想的曾经影响。

在《1844 年经济学哲学手稿》中，马克思关于“自由的有意识的生命劳动”的人的类本质及其异化的规定和描述，还深受黑格尔的思辨逻辑和费尔巴哈人本学的影响，概念本身的抽象特征仍然具有形而上学的保守性。而马克思关于人的类本质的异化和复归道路的归纳，也深受黑格尔的“异化—扬弃”思辨逻辑的制约，其中对人的类本质所具有的同一性及其对异化客体的特征和扬弃的道路的规定，都表现了形而上学的二元对立和统一的思辨逻辑对它的影响。因此，1844 年经济学哲学中马克思对黑格尔哲学的批判以及整个德国哲学的批判，同时还构成对马克思自己的“人道主义异化逻辑”的反思，最为重要的是对黑格尔思辨唯心主义的抽象、思辨逻辑的批判和对否定

之否定辩证法合理内核的揭示。

首先，马克思批判了黑格尔关于人的本质及其异化的规定都是在抽象思维的思想范围内进行的。在黑格尔看来，人的本质=自我意识，人的本质的全部异化不过是自我意识的异化，自我意识的异化不是人的本质的现实异化的表现，相反，现实的即真实地出现的异化，不过是现实的人的本质即自我意识的异化现象。人的本质的异化和异化的消除，不过是抽象的、绝对的思维的生产史，即逻辑的思辨的思维的生产史。马克思批判黑格尔的异化是在抽象的思维同感性的现实或现实的感性在思想范围本身的对立，而且黑格尔的“人的本质以非人的形式同自身对立的对象化”，是对“人的本质以不同于抽象思维方式并且同抽象思维对立的对象化”的颠倒和抽象化。总之，在黑格尔那里，只有精神才是人的真正本质，而精神的真正形式是思维着的精神，逻辑的、思辨的精神。自然界的人性和历史创造的自然界的人性，被黑格尔抽象为精神的环节或抽象精神的产物。

其次，马克思批判黑格尔《精神现象学》“绝对知识”“汇集思辨的一切幻想”，“黑格尔的虚假的实证主义或他那只是虚有其表的批判主义的根源就在于此，这也就是费尔巴哈所说的宗教或神学的设定、否定和恢复，然而这应当以更一般的形式来表述①”。这种“设定、否定和恢复”的逻辑把戏是黑格尔建

1　马克思:《1844年经济学哲学手稿》，中央编译局译，人民出版社，2000年，第109页。

立庞大的知识体系的基础构架，它掩盖并抹杀了哲学本身的批判性质，屈从于形而上学的体系的需要。这一逻辑表述也可以在马克思关于“共产主义是人的本质的复归”中找到端倪。一方面马克思在此坚持实证地考察和批判古典政治经济学的前提，却失于复杂的异化现象，尚未把握作为“现实的人”的基础的生产实践和社会性本质；另一方面，马克思的“自由自觉的劳动本质—异化—复归”中的三个逻辑环节并没有在现实的社会历史生活中找到根基，简单地“颠倒”黑格尔的唯心主义规定并不能摆脱这一思辨逻辑的形而上学束缚。

第三，马克思对黑格尔辩证法的批判，拯救了辩证法的革命性，肯定了“作为推动原则和创造原则的否定性”。一方面，黑格尔把人的自我产生看作一个过程，把对象化看作非对象化，看作外化和这种外化的扬弃；他抓住了劳动的本质，把对象性的人、现实的因而是真正的人理解为他自己的劳动的结果[1]。然而黑格尔唯一知道并承认的劳动是抽象精神的劳动。另一方面，黑格尔的“否定之否定”潜在地包含了批判的一切要素，而且这些要素往往已经以远远超过黑格尔的观点的方式准备好了；但是黑格尔“否定之否定”通过否定假本质，确证假本质或同自身相异化的本质，这种扬弃是“思想上的本质的扬弃”，在现实中没有触动自己的对象。因此，黑格尔的形而上学性体现在他既同现实的本质相对立，也同直接的、非哲学的科学或这种

1　马克思:《1844年经济学哲学手稿》，中央编译局译，人民出版社，2000年，第101页。

本质的非哲学的概念相对立。

第四，马克思在批判黑格尔哲学的基础上，还正确评判了“现代德国的批判同黑格尔的关系”，主要是青年黑格尔派仍拘泥于黑格尔逻辑学，而费尔巴哈代表了现代批判的真正成果。一方面，青年黑格尔派，尤其是鲍威尔对于批判的对象、批判的实质任务和批判的方法缺乏认识或采取非批判的态度，留下的只是狂妄自大的哄笑和滑稽可笑的动作。马克思对青年黑格尔派的批判在《神圣家族》中得到详细的展开。另一方面，马克思高度评价了费尔巴哈对黑格尔辩证法的批判态度和伟大功绩，“费尔巴哈是唯一对黑格尔辩证法采取严肃的、批判的态度的人，只有他在这个领域做出了真正的发现，总之，真正克服了旧哲学”①。

费尔巴哈立足从感性确定的、以自身为根据的肯定出发，把他同黑格尔“自称是绝对肯定的东西的否定之否定”直接对立起来，并把否定之否定、具体概念看作思维想在自身中超越自身而直接成为直观、自然界和现实，是现实历史运动的“抽象的、逻辑的、思辨的表达”。虽然费尔巴哈立足感性确定的东西出发揭示了“哲学作为人的本质的异化一种形式和存在方式”应该受到谴责，但没有抓住“这一在黑格尔那里还是非批判的运动所具有的批判的形式”，即黑格尔否定之否定辩证法的积极价值。马克思对费尔巴哈的功绩和其局限的分析，有利于旁证

1　马克思：《1844年经济学哲学手稿》，中央编译局译，人民出版社，2000年，第97页。

他对黑格尔辩证法的正确认识，即对思辨逻辑的批判和对辩证法内核的揭示；同时，还预示了马克思进一步批判费尔巴哈唯物主义的直观、感性，从而推动实践唯物主义产生的发展趋势。

第三节　德里达的“延异”思想及其对“扬弃”辩证法的解构

相对于马克思对于黑格尔思辨唯心主义的批判，德里达的解构哲学对黑格尔哲学的形而上学性的批判更主要的表现在对其中二元对立及霸权关系的解构，对“异化——扬弃”辩证逻辑的解构。在一定意义上，德里达的“延异”概念强调绝对化的、运动化的差异，同黑格尔的“同一——差别”思想存在着一定的联系和区别；另一方面，德里达认为延异是“在所有黑格尔的扬弃起作用的地方对它的限制、中断和破坏”[①]，它与一切反对黑格尔的辩证思想的活动是相近的。

一、德里达的“延异”思想

德里达的解构主义是针对“逻各斯中心主义”“声音中心论”和“在场形而上学”的批判和解构展开的，在这三者之间贯穿着一种西方传统形而上学的追求自身同一、永恒在场、自我封闭的本原的倾向，德里达立足在“延异”这一“非概念的

1　德里达：《多重立场》，佘碧平译，三联书店，2004 年，第 47 页。

概念”基础上，力图解构传统“本原——非本原”“中心——边缘”“同一——差异”等二元对立范畴之间的对立关系和等级结构。在古典哲学的二元对立中，如能指和所指、感性和理性、文字和言语、言语与语言、历时性与同时性、空间与时间、被动性与主动性等，存在着对立双方相互冲突及上下从属的结构。对立面不是和平共处，而是一个强暴的等级制。在对立双方中，一个从价值论或逻辑上支配着另一个，或者有着高高在上的权威，因此，消解对立首先就意味着在一定时机推翻等级制，颠覆二元对立的范畴之间的霸权关系。解构还要通过双重书写指出翻转（通过解构崇高的或理想的谱系学打倒高高在上者）和一个新概念的突现之间的间隔，新概念作为假象和虚假的语言属性的统一体，通过外在性的方式迂回地构成自身。延异对于形而上学二元对立的解构，在哲学的二元对立之中反抗和打乱这种对立。作为一般的解构策略，它必须避免简单地中和形而上学的二元对立，也要避免简单地“处于”这些对立的封闭领域中、继而确认他；此外，解构也不形成第三个概念，因为这新的概念基础上将形成新的二元对立，再次重复和回到形而上学的二元对立中。这一点不同于黑格尔的扬弃辩证法，“黑格尔的唯心主义在于扬弃古典唯心主义的二元对立，将矛盾化为第三个术语，即扬弃，它在提升、理想化、升华为一种回忆的内在性以及将差异局限在自身在场中的同时，又有所否定”[1]。

延异是指德里达根据法文词 différence 变幻而来的 différance，

1 德里达：《多重立场》，佘碧平译，三联书店，2004年，第50页。

它与 différence 读音相同，字形不同，按照声音中心主义的标准评价是没有区别的，但是也正是隐藏着的 a 替代 é 的差别，解构了声音对文字的霸权。虽然德里达说延异 (différance) 既不是一个词也不是一个概念，它却是德里达经常使用的核心概念，是德里达解构策略的动力之源。德里达将 différence 中的元音字母 e 改为 a 生成的“延异”，对德里达而言包含着深刻的含义。一方面，两词外观上的明显差异，即表现为书写形式的差异，只有通过书写才能辨识出来，无法通过语音把二者区分开来，德里达以此解构了自柏拉图肇始的声音中心主义。另一方面，德里达还通过隐喻的含义传达了同样的、解构声音与书写的二元对立关系的观点。A 在这里就像一个标志，一个沉默不语的记号，既象征着金字塔的外形，也象征着坟墓。金字塔既然是坟墓，就隐藏着死亡的秘密，它的墓碑显露着死者的信息。但是此处的墓碑是无声的，它只有通过文字向你诉说。这里的 a 将注意力引向了文字，引向文本，引向书写。这样德里达就达到了宣扬文字重要性的目的。

延异 (différance) 不仅保留了“差异” (différence) 作为“差异、差别、不同”的含义，更希望保留动词 différer 的“延期、延迟、推迟”含义。德里达指出：“延异涉及存在于推迟之中的（积极地和消极的）运动，该运动是通过迟缓、代理、暂缓、退回、迂回、推迟、保留来实现的。在这一意义上，延异并不先于我要保留的一个原始的和不可分割的当下可能性的统一体，就像我经过经济核算或考虑推迟消费一样。相反，推迟在场的东西是在它的表现、它的符号、它的踪迹……中预告在场或欲求在场的基础。"[①] 延异就是差异和延迟的统一，前者是空间上的差异或非同一，后者是时间上的拖延或推迟，德里达从拉丁文"differre"的分化及其变形，推论"延异"思想表达的时间化和空间化的相互交织，这里的时间化和空间化同时是空间的时间化和时间的空间化，是时间和空间的"原初构造"。

作为绝对的运动，延异是一种绝对的、源初的差异，是一种绝对的非同一性，它彻底推翻在场不在场的分析方法。这样，德里达有意从某种程度上改变自柏拉图到黑格尔、海德格尔和索绪尔的整个西方哲学传统对同一和差异关系的认识。柏拉图在《巴门尼德》中谈论的"异"来自静态的"异"的理念。黑格尔虽然从差异中看到了向矛盾过渡的可能，但他又用"走向根据"消解了矛盾，根据或绝对理念总是力求排斥矛盾于自身之外。海德格尔的差异观是针对存在与存在者、在场与在场者之间的关系而论的，仍然保留了同一和差异之间的相互对立关系。索绪尔虽然把差异性原则作为语言符号系统的两大原则之一，但并没有对差异概念做深入的哲学探讨。德里达的延异表示了差异的动态性、过程性，对改造传统形而上学具有革命性意义。

德里达一生都在与在场形而上学做斗争，这种形而上学不仅赋予"在场"以特权，而且不断依赖于逻各斯中心主义，尤其是语音中心主义。海德格尔把存在被遮蔽的原因归结为"本体论的差异"，既包括存在对存在者的差异，也包括在场对在场

1　德里达:《多重立场》，佘碧平译，三联书店，2004年，第10页。

者的差异。传统形而上学正是在这种二元对立的关系，以及前件对后件的支配关系中，树立和巩固了逻各斯的中心地位。德里达进一步激化海德格尔的“本体论的差异”，提出绝对的、作为本源的“延异”观，认为在世界的本原处只有无限的差异和无边的推迟，绝对中心的霸权地位是不存在的。德里达的延异思想最终将表明存在的意义并不是在二元对立的关系中确定的，而是在摧毁本体—神学视域后显现出延异的即意义的不确定性来。延异使我们能够设想一种文字，一种没有在场也没有不在场，没有历史、没有原因、没有本源、没有目的的文字，一种彻底颠覆一切辩证法、一切神学、一切目的论、一切存在论的文字，一种超越基于亚里士多德的线的观念所把握的形而上学中的一切事物的文字。

二、延异对“扬弃”辩证法的解构

德里达在论述和运用解构思想时，常常同黑格尔的辩证法做出对比，时时提防“扬弃”辩证法对解构的同化或束缚。首要的是德里达对黑格尔的差异思想做出反驳，通过反驳既拯救了被黑格尔体系束缚的“差异”思想，同时展开了对黑格尔辩证法的解构和批判。

1. 延异与差异

对德里达的“延异”概念来说，海德格尔对差异概念的反思，是无法绕过的。同时德里达推进了海德格尔对黑格尔差异观的批判。黑格尔用“差异”概括自然界、社会和人类生活中的各种差异现象，由于他突出精神逻辑对各种现象的决定作用，各种差异现象在黑格尔这里就被抽象为逻辑环节和精神现象的阶段，成为逻辑学和精神现象学研究的概念对象。另一方面，黑格尔从同一与差异的内在关系出发论述差异思想，差异不仅是与同一相比较而存在的，而且内在的存在于“同一”之中，是同一发生分裂、展开运动、通过差异最终向绝对精神转变的重要环节。海德格尔将黑格尔的差异思想视为“形而上学的一个环节，而且是最主要或最高的环节”[1]，差异作为理智、概念运动的中介环节，最终被“扬弃”辩证法的强大逻辑所吸收和征服。海德格尔反对黑格尔将差异仅赋予“形式”辩证法的性质，突出差异所具有的本体论性质，认为对存在本真状态与存在者之间的差异的混淆和遮蔽，将导致生存“迷失在辩证法的逻辑体系之中”。

德里达在批判黑格尔和海德格尔的时间观基础上，推进了延异对差异的解构和激进化。一方面黑格尔把时间与逻辑结合起来论证自然、历史的概念运动，差异是概念发展的必要中介；另一方面海德格尔通过对源始时间的考察，揭示本体论差异对存在的生存论意义，探究世界的本来样式，天地神人的存在只有在祛除流俗时间观的遮蔽后才能显示出来，而差异依然具有中介的性质。而德里达认为不存在流俗的时间概念，因为任何时间概念都属于形而上学，海德格尔的时间观一样试图消除时

1　孙周兴：《海德格尔与有限性思想》，华夏出版社，2002年，第106页。

间的差异性，寻求源始时间存在的本真状态。这种对纯粹的源始时间的追求正是德里达批判的形而上学内容。德里达的"延异"解构历史与现在、在场与缺席的二元对立，超出辩证逻辑和本体论的考查范围，是一切在场差异的发源地。

2. 延异与扬弃

德里达不仅批判地改造和推进了黑格尔的差异思想，而且从解构形而上学的意义上解构了黑格尔的"扬弃"辩证法。被束缚于和作为西方传统形而上学思想的重要内容的辩证法，必然成为德里达解构的对象。他所解构的"辩证逻辑"主要是形而上学抹杀事物的真实区别和差异的同一性逻辑，同样被解构的还有他的"扬弃"模式："假如延异有定义，那么他一定是在所有黑格尔的扬弃起作用的地方对它的限制、中断和破坏。"① 辩证法对立统一的逻辑规律经历了从康德的"二律背反"到黑格尔的"正反合"的发展，黑格尔批判康德没有实现辩证演绎的统一，在主观和客观之间划下了一条理性认识的鸿沟。他通过阐述从"主观精神—客观精神—绝对精神"的逻辑运作，建立了统一存在与思维、物质与精神的二元对立的绝对精神的唯心主义体系。德里达对这一最能体现黑格尔作为"形而上学完成、终结和实现"的"大写的逻辑"的批判，一方面将黑格尔的"绝对精神"的辩证运动比作"白色的神话"进行批判，黑格尔的辩证法把世界存在和发展作为一种逻辑和一种意义的演

1　德里达：《多重立场》，佘碧平译，三联书店，2004 年，第 47 页。

绎，无限的逻辑循环充满了各种破绽和矛盾；另一方面力图通过解构分析激活辩证逻辑内在的要素，寻求一种用尽全部传统话语后，超出受传统同一逻辑所控制的概念之外的东西，即激活辩证法本身的批判精神。

德里达认为，"扬弃"概念最能反映黑格尔辩证法的形而上学保守性，它完全在话语、系统或劳动的内部产生，一种规定性在另一种揭示其真理的规定中既保存又否定，从一种无限的不定性到规定性，使意义贯穿起来。扬弃在绝对知识的发展过程中起着关键的连接作用，它打破断裂、抹平断裂，把历史与未来赋予一种完整的逻辑意义。事物的存在和发展，处于这种扬弃逻辑观念和逻辑动力支配下，既保持事物原有的因素，又可吸收各种积极成分。然而在德里达看来，扬弃一样不超出它的封闭范围，封闭在以认知意义 / 方向为目的的循环中，所谓扬弃的超越无论如何超越不了自身。在"从有限经济学到一般经济学"中，德里达以区分两种书写——逻各斯中心的书写和解构的书写——的意义，批判了黑格尔将绝对知识以辩证法形式书写是形而上学的完成。逻各斯中心的书写是以大写的逻各斯的辩证运作实现自身的意义，是将文字隐没于逻各斯之中，把存在的所有界限作为在场集中起来，对全部逻各斯哲学做了总结，然而这种严密的书写形式却只能在自己设定的圈里打转。德里达"解构的书写"是对"言语和意义之间的依赖和共谋关系"的中断，是对意义、在场霸权的逻各斯中心主义的超脱，是对作为"自然意识的囚徒""看不到（意义的）历史从中脱颖而出的那个游戏的无极底的游戏”的扬弃的批判。

德里达还将辩证法与黑格尔的整个哲学体系结合起来，认为黑格尔哲学体系是辩证法充分演绎的过程和结果。德里达对黑格尔“扬弃”辩证法的解构也体现在解构辩证法与黑格尔哲学体系之间的关系。德里达指出黑格尔的体系结构具有令人困扰的形式，很难把握，并通过解构的介入来揭示整个体系中存在着“外在性、边缘性思想”，解构常是从边界、边缘出发颠覆意义、本质的中心地位。在《丧钟》中，德里达通过左栏黑格尔与右栏热奈特的“双重书写”，意在得到一种“额外的意义”的解读，排除对黑格尔自明性的还原式解读，揭示黑格尔思想结构中的边缘性。德里达打破黑格尔体系的光滑表面，以解构的方式穿越黑格尔的文本，在假装跟随黑格尔的思辨逻辑的循环外表下，实际地进入、参与和解构它。在《播撒》中，德里达还通过对黑格尔《精神现象学》和《逻辑学》的两篇序言的对比分析，来解构黑格尔的逻辑学体系。序言宣称对写作的框架结构和意义的统摄是一种整体逻辑“在场的假象”，然而，从序言到文本存在着意义播撒的多种可能性。因此，精神现象学和逻辑学既可看作黑格尔思想的序言和第一部分，也可看成是与内在逻辑无关的外在性写作，从而解构了黑格尔体系内部的统一性。

三、马克思和德里达对黑格尔辩证法批判的比较

无论是马克思还是德里达对黑格尔辩证法的批判，都希望

打破黑格尔的唯心主义体系，拯救其中辩证法思想的批判精神。黑格尔哲学中僵化体系和革命辩证法之间的矛盾既是哲学与现实、理论与实践的矛盾关系的体现，也是德国的理论发展同政治现实不相协调的表现。马克思对黑格尔的唯心主义的“颠倒”和对辩证法“合理内核”的拯救，既是对“现实的人”基础上的人类社会的科学揭示，必将受到社会现实的考验和经由实践途径的发展；这是辩证法本身的革命精神的合理体现，辩证法在其对现存事物的肯定的理解中同时包含着对现存事物的否定的理解，即对现存事物的必然灭亡的理解；辩证法对每一种既成的形式都是从不断的运动中，因而也是从它的暂时性方面去理解；辩证法不崇拜任何东西，按其本质来说，它是批判的和革命的。同时，德里达对黑格尔辩证法的解构也是对黑格尔思想与体系之间的内在矛盾的揭示，德里达利用黑格尔对序言的矛盾态度解构其自身合法性，利用黑格尔本人的书写，揭示其文本中内在的解构要素。严格来讲，德里达对黑格尔辩证法的解构并不是为了揭示辩证法的本然面目和合理形态，而主张一种“比批判性更具批判性”的批判，在这一指向上，德里达呼吁进一步激化马克思的形而上学批判：“要想继续从马克思主义精神中汲取灵感，就必须忠实于在原则上构成马克思主义而且首要地是马克思的一种激进的批判的东西，那就是一种随时准备进行自我批判的步骤。”①

马克思和德里达对黑格尔辩证法的批判也有着重要的差别，

1　德里达：《马克思的幽灵》，中国人民大学出版社，2008年，第85页。

尤其是体现在批判的基础和方法上，表现为历史批判和文本解构之间的区别。马克思对黑格尔思辨唯心主义批判的理论基础是现实的社会历史存在。马克思对黑格尔的法哲学、宗教、国民经济学和历史学的批判，都是站在具体社会存在的基础上，认为黑格尔以唯心主义的方式抽象地、逻辑地、思辨地揭示了历史的辩证运动，然而颠倒了抽象思维和感性现实之间的关系，批判黑格尔思辨唯心主义的任务在于拯救辩证法的合理内核，并把它放在唯物主义的基础上。德里达对黑格尔辩证法的批判更多地建立在文本解构基础上，即使对“有限经济学到一般经济学”的批判，也只是在隐喻的意义上使用经济学语言。德里达对黑格尔辩证法采取从一般经济学到特殊经济学的角度进行批判，就是假借经济学的“逻辑科学性”隐喻黑格尔辩证法的绝对形而上学特征。德里达对黑格尔的解构也都是在讨论“书写”“文字”等理论范围内，并不构成转向现实历史批判的直接力量。在这一意义上，德里达对马克思的批判精神的激化和继承，主张将马克思的批判精神同“作为‘辩证唯物主义’的马克思主义区别开，同作为历史唯物主义或作为方法的马克思主义区别开，而且同被纳入政党、国家或是工人国际的结构中的马克思主义区别开”，如何还能体现马克思哲学的历史批判性？德里达解构后的马克思哲学是否能超出“学院”性研究，实现其政治和历史意义，还是个很大的疑问。

第三章

踪迹和实践

在延异之上，德里达解构形而上学的另一个重要概念是踪迹或痕迹。在德里达的解构主义理论发展过程中，无论是讨论内心独白和言语，还是讨论文字与书写等，踪迹都作为起着中心作用的“非概念的概念”，展现和统摄了德里达解构形而上学的成果。踪迹概念作为“非概念的概念”，主要是指没有永远在场、可作为起源或本源的中心概念，“踪迹”正是反映了所有的概念经过激进化的还原之后，只剩下踪迹或痕迹才是一般意义的绝对起源。德里达在“踪迹”概念基础上对符号学主题上形而上学传统的解构，同时形成对本体论哲学的批判和对新哲学的追求。

同样，马克思的“实践”唯物主义哲学实现的革命变革，重要的并不在于对实践概念做出新的规定或对实践活动做出新的划分，重要的是指出由理论和实践的区别和差异而必然要求的、从单纯的理论思辨向面向现实实践的理论转向。马克思实践唯物主义并不是在实践概念和现实实践中坚持直观、感性的唯物主义立场，也不是对实践概念进行实体性和本体论研究，而是在现实的人和现实的社会关系基础上，正确地分析社会发展和历史演变的规律。马克思的实践唯物主义的发展过程是和他对黑格尔哲学以及青年黑格尔派的批判相伴随的，梳理马克思对黑格尔思辨唯心主义和一切旧唯物主义包括费尔巴哈的唯物主义的批判，才能正确理解“实践”基础上马克思哲学实现的革命变革，并科学评价马克思主义唯物史观的重大价值。从形而上学批判的角度理解马克思实践唯物主义的革命价值，有助于批判地看待今天的实践唯物主义研究中的形而上学倾向，即或者表现为对实践做本体论的研究，或者表现为对实践的抽象概念研究。正确理解马克思实践唯物主义的哲学革命变革的价值，有助于吸收和借鉴西方马克思主义的积极成果，推动我国马克思主义哲学的创新和发展。

第一节 “踪迹”及其对形而上学的解构

如果说“延异”的游戏（运动）是德里达解构传统形而上学的本原观、在场性的策略和方法，那么本原被解构之后如何揭示存在问题？如何揭示存在与存在者之间、所指与能指之间、符号与意义之间的关系呢？德里达在分析胡塞尔现象学的《胡塞尔“几何学本原”：翻译和引论》《声音与现象》等中，在解构形而上学符号论和时间意识说的基础上，概括了“踪迹”概念的规定和作用。德里达的“延异”带来的是一个建立在“踪迹”基础上的替补和播撒的系列，踪迹是延异运作留下的痕迹，是对延异所解构的“本原”的替补、涂抹、指示的结果，踪迹是"非本原的本原"，是对"在场—缺席"的绝对性超出，不能从"在场"思考，既不能从当前出发，也不能从当前的在场出发思考踪迹，因此也不能思考延异。踪迹既是德里达运用索绪尔符号学中差异观解构"符号"概念中的形而上学残余的结果，也是解构胡塞尔内时间意识学说的"当下的在场/现在"核心的结果，踪迹还是对海德格尔的形而上学在场标记的解构的结果。

一、踪迹对索绪尔"符号"的解构

索绪尔对语言学的重要贡献或者说索绪尔结构语言学的重要意义，在于抛弃了语言是由作为实体的词组成的这一传统认识，提出"语言的特征就在于它是一种完全以具体单位的对立为基础的系统"[①]。索绪尔的结构语言学认为，语言是由具体单位的差异和对立构成的一种形式系统，表面上词是语言的最小表意单位，实际上，无论是词还是句子都不是语言的具体单位。索绪尔认为正确的做法是在概念与声音、部分与整体的相互规定中确定语言的基本单位，"可能给它下的唯一定义是：在语链中排除前后的要素，作为某一概念的能指的一段音响"[②]。在此基础上，索绪尔认为由音响形象（能指）和概念（所指）组成的统一体即"符号"才是表达语言的最小单位。索绪尔的符号

1　索绪尔:《普通语言学教程》，高名凯译，商务印书馆，1980年版，151页。

2　索绪尔:《普通语言学教程》，高名凯译，商务印书馆，1980年版，148页。

学一方面坚持以差异原则来思考符号，认为符号并非实体，而是表示差异关系的纯功能单位，“语言不可能有先于语言系统而存在的观念或声音，而只有由这种系统发出的概念差异和声音差异。一个符号所包含的观念或声音物质不如围绕着它的符号所包含的那么重要”①。但是，另一方面，索绪尔又把符号当作实体来对待，认为“每一项语言要素就是一个小肢体，一个aticulus，其中一个观念固定在一个声音里，一个声音就变成了一个观念的符号”②，这样一个观念在一个声音中直接在场，而这个声音又是意识中的声音形象，索绪尔抹消了前面立足于差异性原则的符号对作为实体的词的区分和批判，恢复了声音对文字的在场形而上学。

德里达认为索绪尔以符号概念同时开启和关闭了对在场形而上学的解构。一方面符号以其差异原则解构了实体的词及其意义的在场；另一方面，符号依然是一个形而上学概念，“符号必定是异质的统一体，因为所指（意义或事物，意向对象或实在）本质上不是能指，不是痕迹：在任何情况下，它的意义并非由它与可能的痕迹关系构成。所指的形式本质乃是在场，它靠近作为语音的逻各斯的特权乃是在场的特权”③。德里达继续推进差异性原则在“符号”概念上的使用，认为所指并不在相

1　索绪尔：《普通语言学教程》，高名凯译，商务印书馆，1980年，167页。

2　索绪尔：《普通语言学教程》，高名凯译，商务印书馆，1980年，158页。

3　德里达：《论文字学》，汪堂家译，上海译文出版社，1999年，第24页。

应的能指中直接在场，它也不能脱离能指而独立存在，无论是所指还是能指，还是它们的统一体符号都是从印迹中产生的，印迹才是最小的语言表意单位。于是，印迹概念代替了符号概念，文字学的优先性代替了符号学的优先性，“其实，差异游戏先假定综合和参照，它们在任何时刻和任何意义上禁止作为自身在场并且仅仅指涉自身的单一要素。无论在口头话语还是在文字话语的范围内，每个要素作为符号起作用，没有不指涉另一个自身并非简单在场的要素。这一符号链就导致每一要素是建立在符号链或系统的其他要素的踪迹之上的。……在要素之中或系统之内，没有任何纯粹在场或不在场的东西。只有差异和踪迹之踪迹遍布各处”①。因此，德里达的“踪迹（印迹）”概念是比符号更源始的，是不可还原的最小差异，踪迹是潜在于系统中的变动不居的差异作用，是要素与其他要素发生差异作用在自己身上留下的痕迹。“踪迹”解构了符号概念中所指之于能指的特权，解构了其中的形而上学的等级制关系。

二、“踪迹”对胡塞尔“现在”的解构

“踪迹”也是德里达解构胡塞尔的内时间意识学说，批判当下的“现在/在场”形而上学的结果。胡塞尔的现象学是要通过本质还原和先验还原，回到一切观念的起源，寻找哲学作为科学的知识基础。然而这种对源初本原的渴望决定了胡塞尔现象

1 德里达:《多重立场》，佘碧平译，三联书店，2004年，第31页。

学对形而上学在场性的依附。德里达对胡塞尔在场形而上学的解构针对的是胡塞尔的内时间意识学说。

胡塞尔区分了客观时间和主观时间，其中主观时间即“时间意识”是关于经验的纯粹时间，是一切经验的基本结构。胡塞尔从意向性结构入手分析源初的时间意识的构成：意象对象的时间结构和意向行为的时间结构相互关联，对象的每一时间规定性都体现在某一特定的意向行为中。现在的某一对象是一个感知的对象，过去的某一对象体现在回忆的行为中，将来的某一对象体现在一种期待的行为中。时间意识源于“感知—回忆—期待”的原始综合，相应地，时间对象的构成源于“现在—持存—预存”的原始综合。意向行为不是一个单纯的感知行为，它总是同回忆和期待结合在一起，同样，意识对象也不是一个固定的点，而是由原初印象和围绕着它的持存、预存构成的一个动态的场。持存是对原初印象的回忆，预存是基于持存的一个期待。原初印象、持存和预存一起构成了“活的现在/在场”。然而德里达很快发现了胡塞尔关于原初印象的时间意识说仍然基于作为点的现在、作为“源点”的现在。胡塞尔强调：“一个内在时间客体的流逝模式具有一个开端，也就是一个源点，……它被刻画为现在。”① 这个作为时间之开端和源点的“现在”就是胡塞尔时间意识结构的不可移易的中心、一只眼睛或一个活的核心，即作为原初印象的点的现在。这样，过去

1　胡塞尔：《生活世界现象学》，倪梁康、张廷国译，上海译文出版社，2002 年，第 70 页。

的事物被当作曾是在场的事物以回忆，将来的事物被当作将要在场的事物以期待，而现在的感知则是绝对的“源点”，时间对象的构成就是同一在场的自我变更。在德里达看来，这种简单同一的“点的现在”是“一个秘密、一种空间的或机械的隐喻、一个被继承的形而上学或同时是上述诸种东西”①。

德里达对胡塞尔关于原初印象的时间意识学说的形而上学性的解构，针对的就是现在/在场的感知对“持存/预存”的对立和等级关系，即“持存和预存”是相对于“被感知的现在/在场”来说的非在场和非感知。德里达则认为现在/在场和非在场，感知和非感知是相互渗透的，它们有一个共同的根源即“踪迹”，“人们就应该能够先验地说，它们的共同根源，在最普遍形式下的重复的可能，即在最普遍意义上讲的印迹是一种不仅应该寓居于‘当下’的纯粹现时性中的可能性，而且是通过它导入的分延运动本身构成‘当下’的纯粹现时性的可能性。这样一种印迹，如果人们能用这样的语言表达它而没有违反它的本意并马上抹掉它的话，那它就比现象本身的原初性更加原初”②。

三、“踪迹”对在场形而上学的解构

踪迹还是对海德格尔的存在本原观和传统在场形而上学的解构。德里达在海德格尔哲学中发现其属于在场形而上学的标

1　德里达：《声音与现象》，杜小真译，商务印书馆，2001 年，第77页。
2　德里达：《声音与现象》，杜小真译，商务印书馆，2001 年，第85页。

记："海德格尔的问题在于：他最深刻和最有力地守护着我试图在'在场的思想'标题下所要质疑的那种东西。"针对这样的指责："德里达的文字学主要是以海德格尔的形而上学为基型的，它企图通过用先在的'踪迹'来替代'逻各斯的在场'，从而解构海德格尔的哲学；在作为'根基'、'基本'或'起源'的踪迹基础上，它将自己构成为一种本体—神学。"[1] 德里达否认将作为形而上学解构对象的海德格尔哲学视为自己的基型，并且指出踪迹既不是基础，也不是根本，更不是起源，它在任何一种情况下都不会提供一种清晰的或虚假的"本体—神学"。反而，德里达是在对海德格尔的借用和突破、批判和超越的基础上，实现了"踪迹"概念对"在场—非在场"的绝对超出，实现了对传统本原形而上学的逻辑核心"在场性"的超越。

德里达从踪迹出发强调对在场形而上学的解构和批判："对我来说重要的是写作的行为，或更应该说是写作的体验：留下一种踪迹，这一踪迹免除了，甚至注定要免除它原初的铭写的在场以及作者的在场……这给人一种更好的方式去思考在场、起源、死亡、生存。假如一个踪迹不通过指涉另一在场来分割自身，那么它将是永远不在场的，这样成为在场或在场的存在又是指的什么呢？"踪迹不仅取消了文本中的在场意义，取消了作者甚至文本自身对文本意义的权威，在此基础上敞开了文本解读的开放性和可能性。而且踪迹还对哲学的内容和形态提出了新的可能，"为什么踪迹（它既不在场也不缺席，超越生

1 德里达：《多重立场》，佘碧平译，三联书店，2004 年，第 59 页。

命，因而甚至超越，这总是令我感兴趣的、否定性神学的整个边界），是把哲学置于运动之中，从而对哲学而言，踪迹又拒绝了自身，并且在总体上抵制本体论的、先验论的或哲学的理解呢？这不是指外在于哲学，这一尝试既非哲学的，也非全部理论性的或批评性的；它许诺，它卷入了写作的新肌体，和其他签名的誓约。在这些新肌体中，哲学、文学，也许一般意义上的知识都不会重组它们的意象或历史”①。因此德里达的解构哲学更多地在哲学内容和形式的边缘，通过延异的游戏构建新的哲学思想，一定意义上表现了哲学变革的意义和哲学形态的创新。

第二节 马克思“实践”对形而上学的批判

在《1844年经济学哲学手稿》之后，马克思跳出人的类本质及其异化逻辑，更多地从文本批判和实证研究的角度，继续和推进形而上学批判。在紧随的《神圣家族》中，马克思继续批判了黑格尔的思辨唯心主义，批判了青年黑格尔派的“批判的批判”。此外马克思在批判地考察法国唯物主义史和英国社会主义史的基础上初步认识到“为思辨完善了的唯物主义”，马克思追求的唯物主义是从关注历史和现实的法国唯物主义和英国的共产主义渊源而来的。在《关于费尔巴哈的提纲》中马克思

1 德里达:《一种疯狂守护着思想》，何佩群译，上海人民出版社，1997年，第34页。

不仅批判了费尔巴哈的旧唯物主义和唯心主义，最为重要的是，马克思在“实践”概念和实践观创新的基础上，实现了哲学的革命变革，即“哲学家们只是用不同的方式解释世界，而问题在于改变世界”。实践观的创新，重要的不是对“实践”概念及其指称的现实实践做概念研究或分类研究，而在于从理论向实践的转换，在于变革哲学的研究方式和理论方向，这一意义上的哲学革命变革才是实践唯物主义的独特贡献。

一、《神圣家族》与形而上学批判

《神圣家族，或对批判的批判所做的批判。驳布鲁诺·鲍威尔及其伙伴》是马克思和恩格斯从唯心主义向唯物主义、革命民主主义向共产主义转变的重要文本。在这一文本中，马克思和恩格斯主要批判了青年黑格尔派尤其是鲍威尔的自我意识哲学，同时追根溯源地批判了黑格尔哲学的思辨结构，即思辨唯心主义不仅表现在对客观事物的认识上，而且表现在对人类和社会的认识上。《神圣家族》还高度评价了费尔巴哈对黑格尔哲学的批判，并科学考察了法国唯物主义史，正确认识了“为思辨本身的活动所完善化的并和人道主义相吻合的唯物主义”，一定意义上开启了通往《关于费尔巴哈的提纲》中对费尔巴哈的批判和实践唯物主义创立的道路。

1. 对黑格尔的思辨结构的批判

马克思首先在和唯物主义相对比的意义上使用“形而上学”

概念，并把黑格尔哲学归入形而上学的历史，“人们用哲学来对抗形而上学，这正像费尔巴哈在他向黑格尔做第一次坚决进攻时以清醒的哲学来对抗醉醺醺的思辨一样。被法国启蒙运动特别是18世纪的法国唯物主义所击败的17世纪的形而上学，在德国哲学中，特别是在19世纪的德国思辨哲学中，曾有过胜利的和富有内容的复辟”①。黑格尔天才地把17世纪的形而上学同后来的一切形而上学及德国唯心主义结合起来并建立了一个形而上学的包罗万象的王国。因此《神圣家族》中对黑格尔思辨结构的批判是马克思形而上学批判的重要阶段。

首先，马克思批判了黑格尔思辨结构在认识论上的表现。在对客观事物的认识中，思辨结构的秘密在于相互联系的两个阶段，一方面从现实具体的果实的属性中抽象得出“果实”的一般概念，再进一步把这一概念想象成“存在于我身外的一种本质”，并把这种本质宣布为“实体”，从而颠倒了现实的事物的属性和抽象的概念规定之间的关系。另一方面把现实具体的果实之间的千差万别作为“一般果实”生活过程中的有机环节，从而使“‘一般果实’这个非现实的、理智的本质造成了现实的、自然的事物”。马克思概括为：“这种办法，用思辨的话来说，就是把实体了解为主体，了解为内部的过程，了解为绝对的人格。这种了解就是黑格尔方法的基本特征。”②

马克思对思辨唯心主义认识论的批判认为：（1）它颠倒了

1 《马克思恩格斯全集》，第二卷，人民出版社，1957年，第159页。
2 《马克思恩格斯全集》，第二卷，人民出版社，1957年，第75页。

感性存在和抽象本质之间的关系，把从感性存在概括出抽象本质的认识过程，颠倒为实体本质对存在属性的决定，并认为“这些感性的差别是非本质的、无关重要的”。唯心主义的认识论用抽象的统一性代替、掩盖了对事物之间感性、具体差别的考察，是得不到内容丰富的规定的。（2）它赋予抽象本质以活生生的、自相区别的能动性，把本来无内容、无差别的统一体作为总和、总体的统一体，把感性存在作为环节容纳在自身之内。唯心主义认识论用抽象的差别代替现实的差别，用虚假的“有机环节”代替事物之间的真实关系，无法正确认识现实世界的统一性。（3）它把抽象本质回到感性存在的过程看作“绝对主体”的创造过程，看作抽象本质在感性存在中渐次地实现自身，从一种存在形式转到另一种存在形式。唯心主义认识论用绝对主体的创造过程代替感性事物的真实存在，无法正确认识现实世界的真实发展。（4）马克思在批判黑格尔思辨结构的唯心主义特征时，还正确认识了黑格尔哲学中以思辨的形式存在的对事物的真实认识。一方面，黑格尔善于用巧妙的思辨把哲学家利用感性直观和表象从一实物推移到另一实物时所经历的过程，说成是想象的理智本质本身即绝对主体本身完成的过程。这是对黑格尔哲学的绝对唯心主义特质的批判；另一方面，黑格尔常常在思辨的叙述中作出把握事物本身的、真实的叙述，即这种思辨的发展本身把握了事物发展的能动本质。然而黑格尔哲学中辩证法和唯心主义的双重性，颠倒和混淆了现实发展和思辨发展的关系，对黑格尔思辨唯心主义的批判应该重新树立唯物主义的权威，并正确吸收被唯心主义发展了的能动性。

其次，马克思还批判了黑格尔思辨唯心主义在历史观上的表现。在马克思看来，黑格尔哲学中历史的主体是“抽象的或绝对的精神”。黑格尔在《精神现象学》中“把人变成自我意识的人，而不是把自我意识变成人的意识，变成现实的人即生活在现实的实物世界中并受这一世界制约的人的自我意识”①，于是，“人类的历史变成了抽象的东西的历史，因而对于现实的人来说，也就是变成了人类的彼岸世界的历史”②。人类的现实存在只是“自我意识的特定的形式”，是绝对精神发展过程中的一个环节，社会历史不过是绝对观念自我实现的过程，这样“在黑格尔的历史哲学中，和在他的自然哲学中一样，也是儿子生出母亲，精神产生自然界，基督教产生非基督教，结果产生起源”③。另一方面，在黑格尔那里，人类意识异化“所具有的物质的、感觉的、实物的基础被置之不理”，异化的扬弃只是意识内部的精神事务，因此他对世界的征服只是在“头脑中消灭一切界限”，而对现实的人来说，这当然不妨碍这些界限仍然继续存在。马克思深刻地指出：“当我只是扬弃了这个世界的想象存在，即它作为范畴或观点的存在的时候，也就是当我改变了我

1 《马克思恩格斯全集》，第二卷，中央编译局译，人民出版社，1957年，第245页。

2 《马克思恩格斯全集》，第二卷，中央编译局译，人民出版社，1957年，第108页。

3 《马克思恩格斯全集》，第二卷，中央编译局译，人民出版社，1957年，第214页。

自己的主观意识而并没有用真正实物的方法改变事物的现实，即并没有改变我自己的实物现实和别人的实物现实的时候，这个世界还像往昔一样继续存在。”① 在这里马克思批判了唯心主义认识世界和改造世界上的虚假和无力，一定意义上指明了实践的哲学取向。

第三、马克思指出“在黑格尔体系中有三个因素：斯宾诺莎的实体，费希特的自我意识以及前两个因素在黑格尔那里的必然的矛盾的统一，即绝对精神。第一个因素是形而上学地改了装的、脱离人的自然，第二个因素是形而上学地改了装的、脱离自然的人，第三个因素是形而上学地改了装的、以上两个因素的统一，即现实的人和现实的人类”②。马克思在这里除了批判地考察黑格尔的哲学组成之外，更重要的是表达了对哲学形态的重要思想：（1）马克思对黑格尔体系的批判就是对形而上学的批判。形而上学性并不是区分唯物主义和唯心主义的标准，无论是反映自然的斯宾诺莎哲学，还是反映人的精神的费希特哲学，以及以绝对精神统一人和自然界的黑格尔哲学都是形而上学的表现。（2）形而上学批判就是对抽象割裂的认识方式的批判。斯宾诺莎、费希特和黑格尔哲学的形而上学性就在于割裂人与自然之间的真实联系，抽象地研究其中的一个方

---

1 《马克思恩格斯全集》，第二卷，中央编译局译，人民出版社，1957年，第245页。

2 《马克思恩格斯全集》，第二卷，中央编译局译，人民出版社，1957年，第177页。

面，即使黑格尔哲学对两个因素的统一也并不是人与自然之间的真实统一，而是脱离自然的人和脱离精神的自然之间的抽象的、外在的统一。（3）“现实的人和现实的人类”在一方面具有反讽的意味，即批判黑格尔哲学的形而上学性在于没有从现实的人即真实的自然与精神的统一中认识世界；另一方面指涉费尔巴哈“把形而上学的绝对精神归结为‘以自然为基础的现实的人’，从而完成了对宗教的批判。同时也巧妙地拟定了对黑格尔的思辨以及一切形而上学的批判的基本要点”①。还要认识到，这里的“现实的人”观点由于尚未对费尔巴哈形成科学的批判，因此还滞留于人道主义和人本学的境界，不同于马克思实践观创新之后对于“现实的人”的科学认识。

2. 对青年黑格尔派的批判

马克思曾在《1844年经济学哲学手稿》中就指出了青年黑格尔派即现代德国的批判“还是拘泥于黑格尔的逻辑学”，指出了施特劳斯的“抽象的自然界”的实体哲学和布鲁诺·鲍威尔的自我意识哲学的对立。这一对青年黑格尔派的形而上学的批判在《神圣家族》里得到详细的展开，并且主要针对布鲁诺·鲍威尔的自我意识及其“批判的批判”展开。

首先，马克思在《神圣家族》中更加明确地指出了黑格尔思辨唯心主义和青年黑格尔派哲学之间的关系。施特劳斯和鲍

1 《马克思恩格斯全集》，第二卷，中央编译局译，人民出版社，1957年，第178页。

威尔关于实体和自我意识的争论，是在黑格尔的思辨哲学范围内的争论。在黑格尔的体系中有三个因素，斯宾诺莎的实体、费希特的自我意识以及前两个因素在黑格尔那里的必然的矛盾的统一，即绝对精神。施特劳斯和鲍威尔十分彻底地把黑格尔的体系应用于神学。前者以斯宾诺莎主义为出发点，后者则以费希特主义为出发点。他们两人都就某一因素由于另一因素的渗入而被歪曲这一点批判黑格尔，使每一个因素获得了片面的，因而是彻底的发展。他们两人在自己的批判中都超出了黑格尔哲学的范围，但同时又都继续停留在黑格尔思辨的范围内，而他们之中无论哪一个都只是代表了黑格尔体系的一个方面。

其次，马克思揭露了鲍威尔的自我意识哲学的实质：绝对的批判从斯宾诺莎主义走向了黑格尔唯心主义，代替实体的是“主体”“无限的自我意识”。而批判的最后结果是以思辨的黑格尔形式恢复基督教的创世说。鲍威尔基于自我意识的“创世说”一方面将自我意识提升为实体，使自我意识从人的属性变为主体，自我意识即精神就是一切，在它之外没有任何东西，否认“在它之外有某种事物存在”的假象，不承认它本身的创造物是实在的物体，即实在有别于自我意识的物体。另一方面自我意识即精神是世界的万能的创造者。世界是被迫使自己异化并采取奴隶形象的自我意识的生命表现，但是世界和自我意识之间的差别只是似是而非的差别，是由自我意识制造出来的形而上学的差别，是它的幻影和臆想的结果。此外，“真正的宇宙运动”只有作为独立于物质和摆脱了物质即独立于现实和摆脱了现实的、自我意识的观念运动，才是真正的和现实的。物质运动只有作为假象才存在。

第三，马克思批判鲍威尔的自我意识哲学“事实上不过是黑格尔的历史观的批判的、漫画式的完成，而黑格尔的历史观又不过是关于物质和精神、上帝和世界相对立的基督教德意志教条的思辨表现”[①]，因此，鲍威尔既不能正确地认识人类社会现象，他的群众、社会等抽象范畴并没有揭示人类社会的真实本质，而且在思辨基础上的扬弃也不能克服现实世界的异化，鲍威尔也不能正确认识犹太人解放的政治解放和人类解放的意义，仍只固守在神学领域内。

第四，对费尔巴哈的评价。马克思对费尔巴哈的态度和评价既可以作为他批判黑格尔哲学和青年黑格尔派的理论基础和立场，也可以看作他对费尔巴哈本身的批判。在《1844 年经济学哲学手稿》中，马克思评价“费尔巴哈是唯一对黑格尔辩证法采取严肃的、批判的态度的人；只有他在这个领域内做出了真正的发现”，“创立了真正的唯物主义和实在的科学”[②]。在《神圣家族》中，马克思同费尔巴哈哲学的关系表现为更为复杂的两重性，一方面马克思受到费尔巴哈哲学的强烈影响，“我们一时都成为费尔巴哈派了。马克思曾经怎样热烈地欢迎这种新观点，而这种新的观点又是如何强烈地影响了他，这可以从

1 《马克思恩格斯全集》，第二卷，中央编译局译，人民出版社，1957年，第 108 页。

2 《1844年经济学哲学手稿》，中央编译局译，人民出版社，2000年，第96 页。

《神圣家族》中看出来”[1]。另一方面，马克思还超出了费尔巴哈哲学的范围，“人们应该以关于现实的人及其历史发展的科学来代替对抽象的人的崇拜，代替费尔巴哈新宗教的核心。超出费尔巴哈哲学的范围，进一步发展费尔巴哈的观点，这一工作是马克思于1845年在《神圣家族》一书中开始的”[2]。马克思在批判费尔巴哈哲学的基础上向“新哲学”的转变是在《关于费尔巴哈的提纲》中实现的。

3. 对法国唯物主义史的考察

在《神圣家族》中，马克思对18世纪法国唯物主义史的考察，把法国大革命同法国的启蒙运动（特别是唯物主义哲学）结合在一起，把法国唯物主义的理论发展（批判的历史）同法国资产阶级革命（世俗的群众的历史）结合在一起。[3] 马克思不仅追溯了法国唯物主义的两个思想渊源，而且把唯物主义与社会主义和共产主义相关联，表达了对唯物主义新哲学的初步认识。

首先，马克思指出“18世纪的法国启蒙运动，特别是法国唯物主义，不仅是反对现存政治制度的斗争，同时是反对现存宗教和神学的斗争，而且还是反对17世纪的形而上学和反对一切形而上学，特别是反对笛卡尔、马勒伯朗士、斯宾诺莎和莱布尼茨的形而上学的公开的鲜明的斗争”[4]。马克思在这里不仅

---

1 《马克思恩格斯全集》，第二十一卷，人民出版社，1962年，第313页。

2 《马克思恩格斯全集》，第二十一卷，人民出版社，1962年，第334页。

3 张一兵：《回到马克思》，江苏人民出版社，1999年，第300页。

4 《马克思恩格斯全集》，第二卷，中央编译局译，人民出版社，1957年，第159页。

把形而上学批判同宗教批判和政治批判联系起来，指出理论运动本身是由法国生活的实践性质促成的，而且指出“肯定的、反形而上学的体系”就是把生活实践归结为一个体系并从理论上加以论证。同时马克思还把德国哲学中的启蒙运动同法国唯物主义史相联系和对比，“被法国启蒙运动特别是 18 世纪的法国唯物主义所击败的 17 世纪形而上学，在德国哲学中，特别是在 19 世纪的德国思辨哲学中，曾有过胜利的和富有内容的复辟。在黑格尔天才地把 17 世纪的形而上学同后来的一切形而上学以及德国唯心主义结合起来并建立了一个形而上学的包罗万象的王国之后，对思辨的形而上学和一切形而上学的进攻，同 18 世纪一样，又跟对神学的进攻再次配合起来”①。

其次，马克思说明了法国唯物主义的两个起源及其派别：“一派起源于笛卡尔，一派起源于洛克。后一派主要是法国有教养的分子，它直接导向了社会主义；前一派是机械唯物主义，它成为真正的法国自然科学的财产。这两个派别在发展中是相互交错的。”② 马克思对法国唯物主义的两个起源的历史考察，不仅指出了唯物主义同形而上学的必然对抗，以及“17 世纪的形而上学的衰败可以说是由 18 世纪的唯物主义理论的影响造成的”，而且指出唯物主义不仅应该带有“诗意的感性的光辉”，

1 《马克思恩格斯全集》，第二卷，中央编译局译，人民出版社，1957 年，第 159 页。

2 《马克思恩格斯全集》，第二卷，中央编译局译，人民出版社，1957 年，第 160 页。

而且要反映“健全人的感觉和以这种感觉为依据的理智”，否则就会落入形而上学的危险。马克思还指出法国唯物主义源自英国唯物主义的一派“直接成为社会主义和共产主义的财产”，孔狄亚克作为洛克的学生，关注“人的全部发展都取决于教育和外部环境”，爱尔维修则直接把唯物主义运用到社会生活方面。在马克思看来，正是这种关注人的发展和社会生活的唯物主义，同社会主义和共产主义之间有着必然的联系。

第三，马克思指出“形而上学将永远屈服于现在为思辨本身的活动所完善化并和人道主义相吻合的唯物主义。费尔巴哈在理论方面体现了和人道主义相吻合的唯物主义，而法国和英国的社会主义和共产主义则在实践方面体现了这种唯物主义”①。在这里马克思不仅强调唯物主义必须从理论上关注人的发展，同人道主义相吻合，而且强调这种唯物主义必然体现在社会主义和共产主义实践中。此外，马克思还阐明了人道主义的唯物主义不仅要关注现实的人的发展和人类社会问题，而且必须“为思辨本身的活动所完善化”从而永远克服形而上学性，这一对唯物主义的思辨完善和人道主义的追求是马克思在批判机械唯物主义和自然唯物主义的过程中逐渐形成的，一定意义上表达了马克思对新唯物主义或唯物主义新形态的追求。

第四，马克思具体论述了法国唯物主义中渊源于洛克的一

1 《马克思恩格斯全集》，第二卷，中央编译局译，人民出版社，1957年，第160页。

派同社会主义和共产主义之间的联系："既然人是从感性世界和感性世界的经验中汲取自己的一切知识、感觉等，那就必须这样安排周围的世界，使人在其中能够认识和领会真正合乎人性的东西，使他能认识到自己是人。既然正确理解的利益是整个道德的基础，那就必须使个别人的私人利益符合于全人类的利益。既然从唯物主义的意义上来说人是不自由的，就是人不是由于有逃避某种事物的消极力量，而是由于有表现本身的真正本性的积极力量，才得到自由，那就不应当惩罚个别人的犯罪行为，而应该消灭犯罪行为的反社会的根源，并使每个人都有必要的活动场所来显露他的重要的生命力。既然人的性格是由环境造成的，那就必须使环境成为合乎人性的环境。既然人天生就是社会的动物，那他就只有在社会中才能发展自己的真正天性，而对于他的天性的力量，也不应当以单个个人的力量为准绳，而应该以整个社会的力量为准绳。"① 马克思努力在唯物主义中将感性的、利益的人及其性格和力量同人类社会的环境、利益和力量等结合起来，一定程度上超出了费尔巴哈直观唯物主义的人本学观点，表达了现实的社会中的"现实的人"的关注，这一理论倾向将有助于马克思进一步批判费尔巴哈的人本学唯物主义，在实践观变革的基础上实现向唯物主义哲学新形态的发展。

---

1 《马克思恩格斯全集》，第二卷，中央编译局译，人民出版社，1957年，第 167 页。

二、《关于费尔巴哈的提纲》与实践唯物主义

马克思写于1845年春天的《关于费尔巴哈的提纲》虽然文本短小，但是它在马克思哲学形成和发展过程中的地位不容小觑，恩格斯将它作为“包含新世界观天才萌芽的第一个文件”。这一提纲中马克思对费尔巴哈的批判，是马克思从形而上学批判向新唯物主义哲学创新的重要转折点。马克思的形而上学批判既是对黑格尔的思辨唯心主义和青年黑格尔派哲学的批判，也是对包括费尔巴哈的唯物主义在内的一切旧唯物主义的批判；另一方面，马克思在批判费尔巴哈的同时，创造性地认识了人类的感性活动即实践，并在实践观创新的基础上奠定了新唯物主义的逻辑起点，实现了从一般唯物主义向实践唯物主义的哲学革命变革和创新。

首先，马克思批判了“从前的一切唯物主义——包括费尔巴哈的唯物主义——的主要缺点是：对事物、事实、感性，只是从客体的或直观的形式去理解，而不是把他们当作人的感性活动，当作实践去理解，不是从主观方面去理解。所以，结果竟是这样：和唯物主义相反，能动的方面却被唯心主义发展了，但只是抽象地发展了，因为唯心主义当然是不知道真正现实的、感性的活动的。”[①] 马克思在提纲的第一条就明确了形而上学批判的主题和理论基础。参考马克思批判黑格尔体系的三个因

---

1 《马克思恩格斯全集》，第三卷，中央编译局译，人民出版社，1960年，第3页。

素——形而上学地改了装的、脱离自然的人，形而上学地改了装的、脱离精神的自然，以及形而上学地改了装的、以上两者的统一，这里的批判既不是从抽象、能动的精神去批判唯物主义，也不是从直观、客体的感性去批判唯心主义，而是从抽象、割裂的角度批判旧唯物主义和唯心主义的形而上学的共同错误。同样批判形而上学并不是站在简单辩证法的角度，而是立足于实践，立足于现实、具体的感性活动，批判理性主义的逻辑本体论。理性主义形而上学既可以表现为抽象精神的唯心主义演绎，同样也可以表现为抽象“事物”、抽象“感性”在概念基础上的逻辑演绎，“客体的或直观的形式”就是指对事物、感性的本质主义或还原主义的理解。所以“实践”作为马克思形而上学批判的理论基础，必须打破本质主义、理性主义的抽象研究，只有在具体现实的感性活动中才能正确把握。

其次，马克思指出了费尔巴哈宗教批判的形而上学性和不彻底性。这一形而上学的不彻底性不仅表现在费尔巴哈对“宗教感情”的理解是形而上学的，而且表现在他对“人的本质”的理解是形而上学的。费尔巴哈把宗教本质归结于人的本质，实现了宗教批判中的唯物主义颠倒，即把在宗教中异化了的“人的本质”重新放到“感性的人”这一唯物主义基础上，但是他对人的本质的理解仍然是形而上学的。费尔巴哈孤立地考察人类个体，撇开历史的进程和社会的形成，在直观个体的基础上把“一种内在的、无声的、个人之间纯粹自然的共同性”作为人的类本质，个体直观和纯粹抽象构成了费尔巴哈“人的类本质”观的形而上学性。同样，费尔巴哈对于宗教感情的理解也撇开历史的进程，没有作为社会的产物去理解。

第三，马克思指出了费尔巴哈宗教批判的不彻底性还表现在缺少对现实世界的批判，“费尔巴哈是从宗教上的‘自我异化’，从世界被二重化为宗教的、想象的世界和现实的世界这一事实出发的。他致力于把宗教世界归结于他的世俗基础。……世俗的基础使自己和自己本身分离，并使自己转入云霄，成为一个独立王国，这一事实，只能用这个世俗基础的自我分裂和自我矛盾来说明。因此，对于世俗基础本身首先应当从它的矛盾中去理解，然后用排除这种矛盾的方法在实践中使之革命化。①”在马克思看来，仅只把宗教世界的虚幻性还原到现实世界的感性现实是不够的，不仅没有正确认识现实世界内部的矛盾和异化，更缺少改造现实世界的实践追求。

第四，马克思还批判了直观唯物主义未能正确地认识人类社会和社会的人，“直观的唯物主义，即不是把感性理解为实践活动的唯物主义，至多也只能做到对‘市民社会’的单个人的直观”，“旧唯物主义的立脚点是‘市民’社会；新唯物主义的立脚点是人类社会或社会化了的人类”②。旧唯物主义的直观性使得他们只能孤立地直观单个人，把现实社会的“市民”当作只存在纯粹自然的联系的单个原子，这同马克思批判的自然唯

1 《马克思恩格斯全集》，第三卷，中央编译局译，人民出版社，1960年，第4页。

2 《马克思恩格斯全集》，第三卷，中央编译局译，人民出版社，1960年，第4页。

物主义具有同样的形而上学性。旧唯物主义对个人组成的市民社会及如何组成的反映也只是直观的、抽象的和形而上学的。只有在具体现实的感性活动的基础上，才能正确认识人类社会和社会的人。

在形而上学批判的同时，马克思在实践观创新的基础上，提出了新唯物主义的方向。首先马克思对“实践”概念做了科学的理解和概括，从而使实践概念本身区别于以往旧哲学。一方面，马克思把实践规定为人的“感性活动”“客观活动”“现实活动”，这种活动既坚持了唯物主义的基本路线，又充分体现了人的主体性和能动性，从而使其区别于动物的本能活动。马克思的实践概念既超越了旧唯物主义哲学尤其是费尔巴哈哲学——他“不满意抽象的思维而诉诸感性的直观”，但是他没能把对象、现实、感性看作实践、看作人类感性的活动；又超越了唯心主义——唯心主义只是抽象的发展了“能动的方面”，却不了解现实的、感性的活动本身。另一方面，马克思的实践概念又带有革命的、现实批判和改造的意义，它不同于旧哲学的停留于现象直观、理论解释意义上的实践概念。而是具有现实性和现实力量，从事现实批判和改造世界的“实践”概念。

其次，马克思在科学的实践概念的基础上，形成了一条从实践出发理解自然、社会和人及人的思维的基本原则。（1）在实践观念基础上，科学地解决了人与自然（环境）的关系问题，指出“环境的改变和人的活动的一致，只能被看作是并合理地理解为革命的实践”。所谓关于人与环境的对立只是在对自然和人的直观、片面的理解中才出现的假问题，这一问题在人的实践、现实活动中被合理地理解为人与环境的统一。（2）在实践观念基础上，科学地解决了人的思维的真理性问题，指出这个问题“是一个实践的问题。人应该在实践中证明自己思维的真理性”。而且“关于离开实践的思维是否具有现实性的争论，是一个纯粹经院哲学的问题”。就是说，人的思维的形成和发展不能离开实践的基础，实践是检验真理的标准，而离开实践的思维甚至不具有现实性。（3）在实践观念的基础上，科学地揭示了人和社会的本质，指出“社会生活在本质上是实践的”。“人的本质并不是单个人所固有的抽象物。在其现实性上它是一切社会关系的总和。”旧唯物主义坚持从纯粹自然的直观角度去理解，唯心主义却从神秘主义方面去理解人和社会的本质，只有马克思开始从人的现实的感性活动、实践活动出发去认识人和社会的本质，既坚持了唯物主义，又尊重和发挥了主体人的能动方面。

第三，在实践观念基础上，马克思自觉认识到和表述了新哲学与以往旧哲学的区别和对立。一方面，新哲学形成了科学的实践观，从而可以形成新的关于世界的解释，新的关于自然、社会和人及人的思维的理解和把握。另一方面，也是更根本的方面，新哲学提出了改造世界的任务。马克思的实践观念具有革命的、现实批判的意义。新哲学认识到了现实世界的异化是宗教异化的根源，主张在消灭宗教异化之后继续在实践中革命地改造世俗基础，消灭现实世界的异化。马克思明确提出：区别于旧哲学，新哲学主张改变世界，而不仅仅是解释世界。

第三节 形而上学批判与哲学的革命变革

哲学总是在批判和超越的过程中实现内容和形式的变革，形而上学批判必然带来哲学家关于哲学变革的新思考。在此关于哲学形态的思考和探究，并不是作为前提和背景，而是作为主题和问题来看待的。德里达在解构形而上学传统的基础上，他的哲学更多地专注于对文本的解构以及关于哲学与文学的关系。马克思在实践基础上的形而上学批判，不仅批判了旧唯物主义，而且批判了唯心主义，实现了从理论向实践的革命性变革，他的哲学更多的关注于现实的人和社会历史的发展。一定意义上，德里达和马克思对哲学的革命变革的思考体现在文本解构和历史批判的不同主题上。德里达解构哲学和马克思哲学的比较研究，不仅要研究德里达对马克思主义哲学史上的马克思主义诸形态的看法和关系，而且要研究德里达继承马克思哲学遗产的本质含义，还要对马克思哲学的革命变革意义及其新形态做出思考。

一、德里达的哲学形态

1992年春天，剑桥大学的管理委员会准备举行投票以决定是否授予德里达一个荣誉博士学位，这一提议马上引来了公开的反对。反对的声音质疑德里达的哲学形态、哲学性质和他对哲学的贡献，“德里达先生公开把自己描绘成一个哲学家，而他的写作也的确带有这个学科的某些写作标记。然而其作品的影响，在一个令人惊讶的程度上，几乎完全在哲学之外的领域里，例如在电影研究、法国文学、英国文学等系科里。在哲学家眼里，在那些在世界范围居领先地位的哲学系科中工作的哲学家的眼里，德里达先生的工作并不符合清晰的和严谨的、已被接受的标准”。“德里达先生的学术生涯始于60年代那些轻率任性的岁月，他的写作继续显露那段时期的血统特征。他的大部分作品似乎是有不少煞费苦心的笑话和像‘逻辑的男性生殖器’等双关语以及诸如此类的东西所组成的。德里达先生的学术生涯在我们看来就是把类似于达达主义者或具体派诗人的恶作剧和鬼把戏翻译到学术领域中来。”“他的作品采用了一种拒绝理解的写作风格”，“在我们看来，建立在无非是对理性的价值、真理和学术成就进行半通不通的攻击的基础上的学术地位，并不足以构成这样一所卓越的大学授予荣誉学位的依据”①。

虽然剑桥大学最终投票以多数人表示赞同授予学位，并在1992年5月12日授予德里达荣誉博士学位，但是这一事件足以引起对德里达哲学的特征和性质的深刻思考。从德里达哲学的出场路径来看，解构思想是从对现象学的研究开始的，在这

1　德里达：《一种疯狂守护着思想》，何佩群译，上海人民出版社，1997年，第232-233页。

一意义上，德里达的解构哲学具有明确的哲学任务。德里达从对胡塞尔现象学中的“生成问题”开始，到为胡塞尔的《几何学的起源》做的长篇导论，再到《声音与现象》中对胡塞尔现象学中的符号问题研究，坚持了一贯的哲学研究对象，并将现象学作为解构形而上学传统的声音中心主义、逻各斯中心主义和在场形而上学的重要对象。然而，即使对于德里达此时的现象学研究也存在着不同的解读和评价。第一种修辞性的解读模式，认为德里达对胡塞尔的叙述和批判本质上是文学性、比喻性和反讽性的；如果从哲学论证和修辞学叙事的不同层面上阅读《声音与现象》，就会发现德里达在前者上的失败和在后者上的成功。第二种解读模式是严格的解读模式，认为德里达的叙述和批判是哲学性、文本性和直言式的；这种模式里既有赞扬德里达对胡塞尔的批判“符合哲学话语的标准”，是“相当精准的批判”，也有质疑德里达的批判“扭曲了它本该加以解释的文本”，“篡改了胡塞尔的原文和哲学意蕴”①。

另一方面，德里达的解构思想的展开还涉及哲学之外广泛的思想领域，如《论文字学》中对文字、书写、语言问题的研究，《书写与差异》中对文学、艺术、精神分析理论和结构主义人类学等主题的探讨。德里达从 1967 年之后到《丧钟》(1974 年)的发表之间一直关注“文学行动”，为文学批评和文学理论注入活力。德里达从 1989 年以《法律的力量》为代表，开始转

1　转引自：方向红：《生成与解构》，南京大学出版社，2006年，第15-19页。

向对当代民主政治、对正义以及马克思主义的关注[①]。德里达的解构哲学从哲学主题中对形而上学传统的批判，到解构在政治、历史领域的运作的发展线索，引起了人们关于解构主义的“历史的转向”的疑问。德里达对此的回答是解构是对一种困难的机制，如逻各斯中心的解构，因此始终是对现实的关怀。德里达否认他有历史的转向，自认为“从我发表的第一个文本起，我就力图将消解批评系统化，即反对在以上分析中将历史规定为意义的历史，反对在历史的、逻各斯中心的、形而上学的唯心主义的表象中的历史”[②]，反对一种作为观念的、目的论的历史的形而上学历史概念。

因此，如何看待德里达的解构哲学的形态？如何看待德里达解构形而上学传统的文本解构的策略同其特殊的哲学形态之间的关系？如何看待这种文本解构的策略对形而上学历史观念的批判？这步步推进的问题就成为正确理解德里达对马克思哲学的态度和观点，合理比较德里达的文本解构和马克思的社会历史批判之间的异同的重要基础。首先，德里达的解构哲学在纷繁复杂的论述中仍然秉持了一贯的批判指向，即对逻各斯中心主义、声音中心主义和在场形而上学作为形而上学传统的“共谋”的批判。但是哲学文本的非哲学化、解构文本的双重书写直接造成了哲学形式逻辑的消失，解构逻辑希图从寄生性、

1　胡继华:《后现代语境中伦理文化的转向》，京华出版社，2006年，第18-19页。

2　德里达:《一种疯狂守护着思想》，何佩群译，上海人民出版社，1997年，第95页。

边缘性和增补性的角度对传统哲学主题阐幽发微，始终保持对形而上学批判的开放性和生产性。其次，德里达的解构哲学反对意义的历史概念以及历史的直线图式，历史概念的形而上学特征不仅与直线性相连，而且受制于全部的意义内涵系统——目的论、末世学、意义增值和内在化、某种类型的传统性、某种连续性概念和真理概念，等等。解构的历史概念主张进入历史的分层次的、矛盾的系统中，在"复述"历史的新逻辑中描述历史的"踪迹"，"踪迹"颠覆了形而上学的历史，才是真正活的历史。第三，德里达的解构哲学从文本解构的角度探讨历史书写的方式，本质上缺少对客观历史的正确关注和唯物主义基础，不能同马克思的社会历史批判同日而语。虽然在《马克思的幽灵》中，德里达明确反对"依照学术规则，在大学、在图书馆、在学术讨论会上，我们系统地，遵守阐释学、语文学、哲学的注释规范"，而指出"把他的著作列入我们指定的学习课程是当之无愧的，他已经被排斥出这个行列太久了，他不属于共产主义者和马克思主义者，也不属于某些政党，他的著作应当列入我们西方政治哲学的伟大经典中。回到马克思，最终把他当作一位伟大的哲学家来阅读他的作品"①。但是，德里达对马克思哲学的解构式阅读的结果只是批判精神的激进化和马克思哲学的幽灵化共存，"继承马克思哲学的遗产"的任务变成空洞的口号和无力的许诺。

1　德里达：《马克思的幽灵》，何一译，中国人民大学出版社，2008年，第32页。

二、德里达与马克思哲学的关系

德里达拒斥哲学的形而上学传统和哲学的形而上学化，因而解构一切本体论基础上的哲学以及僵化体系。从解构思想出场开始，德里达的论述遍及从柏拉图到黑格尔，再到胡塞尔、海德格尔等众多大哲学家的思想，然而却迟迟没有对引领了宏大社会主义运动的马克思哲学做出讨论，直到在访谈中被追问解构哲学同马克思辩证唯物主义的关系。

在 1971 年 6 月 17 日同让 – 路易 – 乌德宾和居伊 – 斯卡培塔的访谈中[1]，德里达首次在追问下较多地谈到了解构哲学同马克思主义之间的关系。对此，德里达提到唯物主义和唯心主义的斗争也引起了他极大的兴趣，甚至对所谓的“机械”唯物主义的某种形式感兴趣，并认为从中能够获得大量教益。而且，《论文字学》中对“一切能够被聚合在逻各斯中心主义的标题下的东西”的解构同时不容置疑地也是对唯心主义或精神主义以及他们的所有变体的消解，“逻各斯中心主义从根本上说也是一种唯心主义。它是唯心主义的基础。唯心主义是它最直接的表现和经常是最具决定作用的力量”[2]。然而，解构“逻各斯中心主义”不是一个抹去反对唯心主义的斗争的问题。

在此基础上，访谈者乌德宾进一步明确提出了关于解构哲学和马克思主义之间的关系问题。问题首先提出了马克思哲学

1　德里达：《多重立场》，佘碧平译，三联书店，2004年，第68-88页。

2　德里达：《多重立场》，佘碧平译，三联书店，2004 年，第 58 页。

辩证唯物主义、辩证唯物主义逻辑的“一般结构”，这一结构是在概念系列的基础上表达的，诸如物质 / 矛盾 / 对立面的斗争以及在它们的转变过程中对立面的同一性 · 不可分割性 · 可变换性等，访谈者抽象了唯物主义辩证法的根本结构——二元的对立统一关系，并步步为营地对解构哲学和马克思哲学的关系提问：（1）辩证唯物主义逻辑的这一结构和文字问题上的“延异”结构之间存在什么关系？（2）辩证唯物主义逻辑同德里达的延异结构之间是否存在交叉点或战略上的聚合，尤其是在解构“作为一种基本的逻各斯中心主义和一种意识哲学或原初主体哲学的符号问题”上？（3）如果因为逻各斯中心话语在它不同的历史形式中都被视为一个占统治地位意识形态的话语，而德里达解构逻各斯中心话语的路线将遭遇长期受到逻各斯中心话语（唯心主义、形而上学、宗教）压制和禁止的历史文本暨唯物主义文本的话，那么解构哲学和唯物主义的这一遭遇是否具有必然性？而为什么这一遭遇的必然性在德里达的哲学中始终以边缘性或间隔的表现方式呢？为什么德里达解构哲学要将任何对马克思以及辩证唯物主义文本的指涉，连同马克思全部悬置起来呢？

德里达首先肯定了问题的意义，即这一“遭遇”对于解构主义是绝对必要的。但是反过来警告“在我的工作和马克思主义的全部文本以及概念性之间的结合不可能是直接所与的”，轻率的接触或联结如果没有得到严格的理论解释，不仅不会产生任何理论或政治上的结果，还会造成教条主义、混淆或机会主义的后果。正确地对待马克思哲学，一方面“必须认真看待马克思主义文本的困难和异质性，以及它极为重要的历史的利益关系”，应该避免把马克思、恩格斯和列宁的文本看成是同质的，他们反思或阐述他们与黑格尔之间不同的或矛盾的关系结构的方式，作为异质性的对象应该接受解构主义的分析。另一方面，“不要按照那从文本表层之下寻求终极所指的解释学方法或诠释方法来读解这些文本。读解就是改变”①。

其次，德里达就“物质”概念指出解构哲学同辩证唯物主义之间的关系。德里达接受的物质概念是“当且仅当物质概念被定义为绝对的外在或根本的异质性”，在这一意义上甚至要取消“概念”。而辩证唯物主义的物质概念并不能避免被重新形而上学化的可能，它在颠覆唯心主义的逻辑或阶段上，重新带有“逻各斯中心主义”的价值，这些价值与事物、现实、广义的在场、可感觉的在场、充盈的实体、内容、指称等的价值相关。德里达认为“实在主义或感觉主义—经验主义—都是逻各斯中心主义的变种。……不仅仅是狭义的唯心主义依赖先验所指。先验所指还能重新确保一个形而上学的唯物主义。按照这一指称价值所包含的古典逻辑，它就成了一个终极指称，或者是一个绝对‘先于’任何记号活动的‘客观实在’，一个从外部确保一般文本活动的语文内涵或在场形式”②，列宁的物质概念仍然屈从于这一活动。继续推进对辩证唯物主义的物质概念的解构

1　德里达:《多重立场》，佘碧平译，三联书店，2004 年，第 71 页。

2　德里达:《多重立场》，佘碧平译，三联书店，2004 年，第 73 页。

必须是双重标志的活动，即“物质概念必须被标志两次：在被解构的领域中——这是颠覆的阶段——和在解构的文本中，而且是在物质所陷入的对立（物质/精神、物质/观念、物质/形式等等）之外”[①]，使得物质绝对外在于对立的主张并随着基点、战略位置以及提出的实践和理论的要点变化而变化，即尊重物质概念的异质性和保持概念的开放性。

第三，德里达还提出关于马克思和黑格尔之间的关系和“矛盾/辩证法”问题是“有待出场的”。访谈者继续追问矛盾/辩证法作为“打破和敞开了整个形而上学思想对矛盾的禁止和压抑”，能否摆脱形而上学话语的支配？从黑格尔辩证法到唯物主义辩证法的发展不仅仅是对唯心主义的颠覆，而且超越了同唯心主义话语的直接对立，在这一意义上，延异的地位及其包含的逻辑对唯物主义辩证法的矛盾概念来说意味着什么？德里达对此的态度并不有别于关于物质概念的看法，他“不相信有任何‘事实’能够让我们说：在马克思的文本中，矛盾和辩证法避开了形而上学的支配。……我并不相信，从马克思主义的观点出发，纯粹的马克思主义文本可以立即将矛盾概念从它的思辨的、目的论的和末世学的视界中摆脱出来”[②]。对于马克思的矛盾概念的理解，不仅必须回到马克思的具体文本中，而且还必须进一步追溯和参考古希腊唯物主义者，从概念本身及其历史发展中参考所有唯物主义的立场进行正确的理解。此

1 德里达：《多重立场》，佘碧平译，三联书店，2004年，第73页。

2 德里达：《多重立场》，佘碧平译，三联书店，2004年，第83页。

外，德里达只是肯定了黑格尔的文本必然要被黑格尔的文字和体系之间的矛盾所撕裂和解构，列宁《关于辩证法的笔记》值得仔细审查和特殊读解，并没有阐述对矛盾 / 辩证法概念的具体思想。

第四，德里达在《马克思的幽灵》中再次重申了对马克思哲学的批判态度和对马克思具体理论的解构倾向。在“苏东剧变”后复杂的国际形势下，德里达指出：“不能没有马克思，没有马克思，没有对马克思的回忆，没有马克思的遗产，也就没有将来；无论如何得有个马克思，得有他的才华。至少的有它的某种精神[①]。”这种精神就是马克思的批判精神，“要想继续从马克思主义的精神中汲取灵感，就必须忠实于总是在原则上构成马克思主义而且首要地是构成马克思主义的一种激进的、批判的东西，那就是一种随时准备进行自我批判的步骤。这种批判在原则上显然是自愿接受它自身的变革、价值重估和自我再阐释的”[②]。然而继承马克思主义的批判精神还要求“我们应当把这种精神和其他的马克思主义精神区别开来，那些精神把自己固定在马克思主义学说的躯干上，固定在它假定的系统的、形而上学的和本体论的总体性中，固定在它的有关劳动、生产方式、社会阶级等基本概念中，并因此固定在它的国家机器的

1　德里达：《马克思的幽灵》，何一译，中国人民大学出版社，2008年，第15页。

2　德里达：《马克思的幽灵》，何一译，中国人民大学出版社，2008年，第85页。

整个历史中”[1]。也就是说必须同作为本体论、哲学体系或形而上学体系的，以及作为“辩证唯物主义”的马克思主义区别开；同作为历史唯物主义或作为方法的马克思主义区别开，而且同被纳入政党、国家或是工人国际的机构之中的马克思主义区别开。

三、马克思的新唯物主义

马克思哲学的创新是在《神圣家族》中对唯物主义批判和战胜形而上学的历史进行梳理的基础上，是从《关于费尔巴哈的提纲》中“天才世界观的萌芽”开始的，这一指认赋予实践观以极重要的地位，国内也以“实践唯物主义”指认马克思新唯物主义的重要创新。然而在马克思之后的马克思主义发展史上，甚至从马克思本人也否认自己是“马克思主义者”开始，马克思哲学在拒绝体系化、形而上学性，开展批判和自我批判的过程中，关于马克思新唯物主义的理论本质和哲学创新也存在着不同的概括。在从苏联正统马克思主义到我国马克思主义传播和发展的历史中，辩证唯物主义和历史唯物主义的理论框架占据着重要的统治地位，甚至在西方马克思主义发展中也引起了左派学者的认同。在《多重立场》中，访谈者让·路易·乌德宾一再追问德里达关于解构哲学同马克思的“物质”“矛盾”或“辩证法”之间的关系，也显示了这种解释框架的影响。

1　德里达:《马克思的幽灵》，何一译，中国人民大学出版社，2008年，第85页。

德里达对马克思批判精神的张扬和对马克思体系化哲学的批判是相得益彰的。在他看来，继承马克思的批判精神就要与马克思的辩证唯物主义、历史唯物主义和禁锢在机构、体制中的马克思主义相区分，继承马克思的精神“就必须忠实于总是在原则上构成马克思主义而且首要是构成马克思主义的一种激进的批判的东西，那就是一种随时准备进行自我批判的步骤。这种批判在原则上显然是自愿接受它自身的变革、价值重估和自我再阐释的”[1]。在德里达看来，这种批判是同“固定在马克思主义学说的躯干上，固定在假定的系统的、形而上学的和本体论的总体性”哲学相区别和对立的。德里达对马克思的僵化体系的批判，同我国对苏联马克思主义僵化体系的批判未必会有很远的距离，我国社会主义实践的发展和实践唯物主义的理论讨论，同样具有批判形而上学、打破僵化体系的解放精神。

在我国马克思主义发展过程中，用实践唯物主义指认马克思哲学变革的实质是经过 20 世纪 80 年代实践标准大讨论后逐渐确立的理论方向。一方面，这一理论范式的转换是与我国解放思想和改革开放的政治进程相伴随的，另一方面，这一新唯物主义研究也是形而上学哲学批判的重要成果。然而学者们对实践观和实践唯物主义创新的认识和见解也是不尽相同的。德里达在解构形而上学传统的同时也难以避免和拒绝形而上学的概念，他强调“延异”“踪迹”等作为“非概念的概念”和“非

1　德里达：《马克思的幽灵》，何一译，中国人民大学出版社，2008年，第 85 页。

本原的本原”就可见一斑。同样的形而上学体系化追求也在我国实践唯物主义研究的某些论断中有所体现。

形而上学的僵化性并不是专属于哪一个概念本身的，而是和思维逻辑的性质联系在一起的。从德里达对马克思主义的解构和批判的角度考虑，无论是“物质”，还是“矛盾”“辩证法”，甚至“实践”都不能保证完全摆脱了形而上学的束缚。实践概念并不是马克思独创或首创的概念，在他之前，康德、黑格尔甚至费尔巴哈都使用过“实践”概念。而且“实践”概念本身也包含着众多不同的层面：唯物主义和唯心主义的；抽象的和具体的；思想的和历史的；形而上学的和辩证法的，等等。问题的关键在于马克思是如何取舍和实现对传统形而上学的超越的？实践概念在马克思实现的哲学变革中的作用，是“延异”的运作，还是新形而上学的根基？在实践概念的基础上，能否建立新的本体论和形而上学？从实践概念出发，哲学如何介入现实历史和揭示真实历史？实践概念是再次被“在场化”还是向真实的历史的转向？这是我们理解马克思哲学变革的实质和新唯物主义的本质的关键问题。

在我们看来，实践思维的转换超越了旧哲学在存在与思维、物质与精神、主观与客观之间的形而上学对立，创造了观照自然、人和社会的新的立场、观点与方法，实现了马克思哲学的革命性变革。显而易见这一创新不仅仅是“实践”概念的创新，“实践”不应该只被作为标签任意地搬用，更不应在这一标签下被形而上学的思辨所颠覆。无论是实践本体论的研究范式，还是实践唯物主义的实证化研究，“实际上，它们都是把实践在一个层面上一般化、抽象化了，这也是把马克思哲学停留在一般的主客体层面的必然结果”[①]。这种固守在“一般的主客体层面”的哲学讨论，正是马克思在《关于费尔巴哈的提纲》中所批判的经院哲学的形而上学特征：“从前的一切唯物主义（包括费尔巴哈的唯物主义）的主要缺点是：对对象、现实、感性，只是从客体的或直观的形式去理解，而不是把它们当作感性的人的活动，当作实践去理解，不是从主体方面去理解。”[②]马克思立足“现实的感性的活动”即实践，同时批判了之前的唯物主义和唯心主义固执于主体与客体、主观与客观的对立的形而上学性。因此，从主客分离和对立的角度理解“实践”对二者的统一，仍然没有摆脱黑格尔的“正—反—合”的逻辑程式，仍然没有跳出形而上学的圈套。在同一文本中，马克思明示了实践观的创新在于：“人的本质不是单个人所固有的抽象物，在其现实性上，它是一切社会关系的总和。……抽象的个人是属于一定的社会形式的。……新唯物主义的立脚点则是人类社会或社会的人类。”[③]马克思在“作为天才世界观的萌芽的第一个文件”里的创新，不仅是指向传统形而上学的本原观念的：“作为

1　仰海峰：《从实践到一定的社会关系》，《理论谈讨》，1998年，第2期。

2　马克思：《马克思恩格斯选集》（第一卷），人民出版社，1995年，第54页。

3　马克思：《马克思恩格斯选集》（第一卷），人民出版社，1995年，第56-57页。

一种思维方式，哲学由僵持于本原问题上两极抽象对立的还原论向以实践关系为基础的辩证解决转变。”而且是解构传统形而上学的僵化体系的：“作为一种理论体系，哲学也由静态的逻辑架构、封闭的言语系统向动态的内容更迭与开放的结构递换转变。”[1]实践哲学不能停留在抽象的概念演绎和体系建构，必须走出传统哲学的形而上学和意识形态的渊薮，真正深入社会生活、社会关系的深处考察现实的人和现实的历史。

对传统形而上学的解构是马克思的哲学主题之一，“在马克思的哲学变革中，哲学的历史实现首先是打破哲学的理性自律的神话，这是一个双重的批判过程：一是对哲学自身的批判，这是在传统哲学内部对哲学进行解构，将哲学置于历史情境之中进行分析；一是对历史过程进行批判分析，这个过程是处于传统形而上学之外的论题，而只有进入对具体历史进程的分析，才有可能获得现实的政治经验。这一双重过程实际上是对传统形而上学的颠覆，用马克思的话说，这是将哲学从天上拉到地面”[2]。同时，形而上学批判也是从德里达的角度理解马克思哲学思想的基础，同样也应成为我国马克思哲学研究中的重要主题。马克思哲学研究要继续秉承马克思的革命变革精神，就必须同哲学的体系化、形而上学化相区别和做斗争，不仅应该面向社会主义实践和吸收实践经验（德里达也曾指出《马克思的

1　聂锦芳：《思维的传承、决裂与重构》（下），《河北学刊》，2006年，第5期。

2　仰海峰：《马克思哲学的三大主题》，《学术月刊》，2007年，第7期。

幽灵》中首先关注中国的情况，在这本书中解释“在苏联解体后、在中国开始改革后对马克思主义的继承”问题），而且应该吸收西方马克思主义的积极成果，西方马克思主义中早就有卢卡奇、葛兰西与柯尔施等对实践本体论的研究范式，如今更是经过了几轮研究逻辑的转换，不断展现出新的研究主题和哲学形态。

第四章

解构主义的历史观和唯物史观

马克思哲学中最为重要的理论贡献是马克思在实践观基础上实现了哲学革命变革的唯物史观思想。恩格斯高度评价马克思唯物史观的创立，把它视为马克思最为重大的两大发现之一："正像达尔文发现有机界的发展规律一样，马克思发现了人类历史的发展规律，即历来为繁茂芜杂的意识形态所掩盖的一个简单事实：人们必须首先吃、喝、住、穿，然后才能从事政治、科学、艺术、宗教等等；所以直接的物质的生活资料的生产，因而一个民族或一个时代的一定的经济发展阶段，便构成为基础，人们的国家制度、法的观点、艺术以致宗教观点，就是从这个基础上发展起来的，因而也必须由这个基础来解释，而不是像过去那样做的相反。"① 马克思的唯物史观是在《德意志意识形态》中，在继续批判黑格尔哲学和青年黑格尔派哲学，尤其是超越费尔巴哈哲学的基础上得到初次系统的表述的，标志了唯物史观的创立。马克思唯物史观的创立是同他的形而上学批判紧密联系和互为表里的。

然而哲学理论和现实历史之间并不是直接同一的关系，哲

1 《马克思恩格斯全集》，第19卷，中央编译局译，人民出版社，1962年，第374页。

学理论的发展必须面对和接受经验历史的挑战和拷问。马克思的唯物史观以及阶级学说受到20世纪资本主义发展历史的质疑，20世纪90年代苏东剧变给社会主义和共产主义运动造成的挫折，以及欧洲资本主义国家中马克思主义话语权衰落等历史现实，产生了“马克思主义的终结”“共产主义的终结”“资本主义自由民主的未来”等资本主义的独断话语，尤其是福山的《历史的终结和最后的人》。如何看待马克思唯物史观同福山代表的资本主义历史观之间的对立？如何看待经验历史同历史理论之间的关系？德里达从解构主义的历史观出发，否定了资本主义自由民主制度的未来，但是从解构主义的历史观出发，同样把马克思唯物史观归结为形而上学历史观的表现加以解构。

如何正确理解解构主义的历史观，以及它同马克思唯物史观之间的契合和悖谬，必须在考察马克思的唯物史观和德里达解构主义的历史观的基础上，梳理德里达对“历史终结论”的批判和对马克思主义“经济决定论”的批判。德里达在批判“历史终结论”和“经济决定论”的独断主义历史观的同时，提出了解构主义的历史观，即主张社会发展应该继续保持“非弥赛亚主义的弥赛亚”式解放的希望，人类的未来是即将来临却永远不会在场的正义，从而使得对人类未来的期待只是苍白无力的许诺。

第一节　唯物史观的形成和内容

如果说马克思在《关于费尔巴哈的提纲》中在推进形而上学批判的同时提出了新世界观的天才萌芽，那么在《德意志意识形态》中则第一次初步系统地阐释了这一世界观，当然这一新世界观是站在“现实的人”基础上科学认识人类社会和历史发展的唯物主义历史观。马克思首先在批判全部“德国哲学思想体系”——德意志意识形态的基础上，尤其是在回击布鲁诺·鲍威尔的《评路德维希·费尔巴哈》和麦克斯·施蒂纳的《施蒂纳的评论者》等，批判鲍威尔的自我意识哲学和施蒂纳的“唯一者”哲学的基础上，才认识到厘清同费尔巴哈的关系和阐释自己的哲学体系的必要，并创立了新唯物主义的世界观。马克思指出：“我们决定共同钻研我们的见解同德国哲学思想体系的见解之间的对立，实际上是清算一下我们过去的哲学信仰。这个心愿是以批判黑格尔以后的哲学的形式来实现的。”[①]因此，马克思创立唯物史观的过程中同样伴随着形而上学批判的哲学任务。

一、“德意志意识形态”批判

无论从《德意志意识形态》的写作顺序，还是篇章结构来看，马克思仍然继续推动了形而上学批判和自我哲学反思。马

1 《马克思恩格斯全集》，第13卷，人民出版社，1962年，第10页。

克思用宗教会议的场景来比拟当时德国国内的哲学争论，主要是布鲁诺和施蒂纳对费尔巴哈的批判，马克思指出“这场圣战不是为了关税、宪法、马铃薯病，不是为了银行事务和铁路，而是为了精神的最神圣的利益，为了‘实体’、‘自我意识’、‘批判’、‘唯一者’和‘真正的人’”①。马克思对德国的哲学争论的批判主要是指出“这些哲学家没有一个想到要提出关于德国哲学和德国现实之间的联系问题，关于他们所做的批判和他们自身的物质环境之间的联系问题”②。

马克思首先指出了德国的哲学论争同黑格尔哲学之间的关系。一方面，德国的批判始终没有离开哲学的基地，都是在纯粹的思想领域中发生的，而且从施特劳斯到施蒂纳的整个德国哲学批判都局限于对宗教观念的批判。另一方面，德国的批判终究是在黑格尔哲学体系的基地上产生的，是由黑格尔哲学的解体开始的，尽管他们每一个人都断言超出了黑格尔哲学，然而却都没有试图对黑格尔哲学体系进行全面的批判，“他们和黑格尔的论战以及他们之间的论战，只局限于他们当中的每一个人都抓住了黑格尔体系的某一方面，用它来反对整个体系，也反对别人所抓住的那些方面”③。此外，青年黑格尔派“以宗教观念代替一切或者宣布一切都是神学上的东西来批判一切”，并且认为“只要同意识的幻想进行斗争就可以了”，他们只是“用

1 《马克思恩格斯全集》，第三卷，人民出版社，1960年，第88页。
2 《马克思恩格斯全集》，第三卷，人民出版社，1960年，第23页。
3 《马克思恩格斯全集》，第三卷，人民出版社，1960年，第21页。

词句反对词句”，绝对不是反对现实的世界。因此，马克思不仅揭示了青年黑格尔派对黑格尔思辨唯心主义逻辑的沿袭和夸张，而且指出了他们的唯心史观的保守性质。

其次，马克思批判了布鲁诺·鲍威尔的自我意识哲学。马克思指出，鲍威尔“错误地把思想、观念、现存世界在思想上的独立化了的表现当作这个现实世界的基础”，一方面用自我意识这种赤裸裸的抽象词句代替现实的人以及他们对社会关系的现实意识，另一方面现实的自然界和现存的社会关系被“这些关系的一切哲学范畴或名称归结而成的赤裸裸的哲学词句”所取而代之。因此鲍威尔的自我意识哲学没有超出黑格尔处理思辨的矛盾的哲学体系的范围。马克思还以“圣布鲁诺反对‘神圣家族’的作者”为题专门就鲍威尔对马克思、恩格斯在《神圣家族》中对鲍威尔的批判给予反击，继续批判鲍威尔的“批判的批判”的唯心史观，指出批判和批判家只要他们存在的时候，他们就随心所欲地按照自己的方式创造历史。

第三，马克思用更大的篇幅批判了施蒂纳和他的《唯一者及其所有物》。马克思指出施蒂纳关于利己主义的三个阶段即儿童、青年、成人三阶段的划分和描述，是对黑格尔哲学的重复和“某些转变”，而且施蒂纳没有关注个人的物质生活和社会生活，而是对现实的人的意识发展阶段的思辨的歪曲。马克思认为施蒂纳的人生观具有强烈的目的预定论色彩①。施蒂纳还用同

1　聂锦芳：《把握人生的方式：施蒂纳与马克思》,《教学与研究》2008年第2期。

样的思辨模式歪曲了哲学史和历史发展，马克思认为施蒂纳对古希腊哲学史的解读不仅存在猜测、谬见和混乱，等等，施蒂纳的失误还在于“对这些观念同他们所由产生的现实生活历史过程任意脱离或毫无所知，于是他便假定观念和思想支配着迄今的历史，假定这些观念和思想的历史就是迄今存在的唯一的历史，他设想现实的关系要顺应人自身及其观念的关系，亦即顺应逻辑规定，他把人们关于自身的意识的历史变为人们的现实历史的基础，最终把意识、观念、精神的历史称为‘人’的历史并用这种历史来偷换现实的历史。”[1]

第四，马克思对费尔巴哈的批判。马克思对“德意志意识形态”的批判，主要是对青年黑格尔派同费尔巴哈之间的论争、青年黑格尔派对费尔巴哈的“审判”的回应和再批判，因此马克思在批判鲍威尔和施蒂纳的同时还必须处理同费尔巴哈的哲学的关系，马克思不仅批判了青年黑格尔派的唯心主义，而且批判了费尔巴哈：“当费尔巴哈是一个唯物主义者的时候，历史在他的视野之外；当他去探讨历史的时候，他不是一个唯物主义者”[2]。正是在批判费尔巴哈的唯心史观的同时，马克思初次系统阐发了唯物史观的基本原理。

1　聂锦芳：《观念能否解释历史：施蒂纳与马克思》,《哲学动态》，2008年第4期。

2 《马克思恩格斯全集》，第三卷，人民出版社，1960年，第51页。

二、唯物史观的基本内容

马克思在批判黑格尔哲学、青年黑格尔派哲学和费尔巴哈人本学唯物主义的基础上，首次系统地阐述了新唯物主义的基本原理，主要是唯物史观的基本内容。马克思不仅确立了唯物史观的基本前提，即现实的人和具体的历史，而且确定了唯物史观的基本原则，即“不是意识决定生活，而是生活决定意识”，马克思还阐释了唯物史观的基本结构，即生产力和生产关系、经济基础和上层建筑的辩证关系和辩证运动，此外，马克思在唯物史观的基础上考察了国家、阶级、革命等观点，为共产主义提供了科学的理论基础。

首先，唯物史观的基本前提是现实的人和具体的历史。一方面，马克思指出：“这是一些现实的个人，是他们的活动和他们的物质生活条件，包括他们得到的现成的和由他们自己的活动创造出来的物质生活条件。”① 马克思的“现实的人”不仅是活生生的现实的个人的肉体存在，更重要的是个人的物质活动即生产活动，这种活动不仅受到以往的物质生存条件的制约，而且使个人在这种条件下创造出新的生存条件。马克思的“现实的人”既是对施蒂纳的无条件的绝对自由的个人的批判，也是对费尔巴哈的受到自然物质制约的感性的人的批判，它是在一定的物质的、不受他们任意支配的界限、前提和条件下活动着的“生产力、资金和社会交往形式的总和”。马克思发展了

1 《马克思恩格斯全集》，第三卷，人民出版社，1960 年，第 23 页。

《关于费尔巴哈的提纲》中关于“人的本质是一切社会关系的总和”的观点，指出了人的本质的现实基础。

马克思不仅指出了现实的人的历史性存在和受到历史的制约，而且指出了“具体的历史”作为“现实的人”基础上的唯物史观的前提。历史的第一个前提就是物质生活资料的生产，“人们为了能够‘创造历史’，必须能够生活。但是为了生活，首先就需要吃喝住穿以及其他一些东西。因此第一个历史活动，就是生产满足这些需要的材料，即生产物质生活本身”[①]。物质生产对“实践”的总体性规定更加具体。历史的第二个前提是物质生活资料的再生产，即“已经得到满足的第一个需要本身、满足需要的活动和已经获得的为满足需要用的工具又引起新的需要”[②]，新需要既是生产的历史结果，又是生产推进的内在要求，这种新的需要的实现就构成了物质再生产的过程。马克思赋予生产活动以时间性和动态化的因素。第三个前提则是人自身的生产，“每日都在重新生产自己生命的人们开始生产另外一些人，即繁殖”，到这里马克思指出了人如何生产人与自然之间的关系以及人与人之间的自然关系暨家庭基于自然血缘的关系，马克思还概括指出这三者同时构成社会历史活动的三个方面，而不是三个阶段，历史的发生是由这三个方面共同构成的。第四个就是人们在生活的生产的过程中产生出社会关系，物质生活的生产和人自身的生产都立即生成双重关系：一方面是自然

---

1 《马克思恩格斯全集》，第三卷，人民出版社，1960 年，第 31 页。

2 《马克思恩格斯全集》，第三卷，人民出版社，1960 年，第 32 页。

关系，另一方面是社会关系，马克思强调的是作为历史本质性规定的社会关系。

其次，社会存在决定社会意识。马克思不仅奠定了现实的人和具体历史的前提，而且提出了唯物主义的基本原则，即“不是意识决定生活，而是生活决定意识”，“这种历史观就在于：从直接的物质生产出发来考察现实的生产过程，并把与该生产方式相联系的、它所产生的交往形式，即各个阶段上的市民社会，理解为整个历史的基础；然后必须在国家生活的范围内描述市民社会的活动，同时从市民社会出发来阐明各种不同的理论产物和意识形式，如宗教、哲学、道德等等，并在这个基础上追溯他们产生的过程”①。马克思在从社会生活中区分出物质生产和生产关系的基础上，还考察了人类意识及其历史发展。唯物史观认为，思想、观念和意识的产生最初是直接与人们的物质活动、物质交往、与现实生活的语言交织在一起的，人们的精神交往是人们物质关系的直接产物，“意识一开始就是社会的产物，而且只要人们还存在着，它就仍然是这种产物”②。意识以物质生产活动和生产关系为基础，它随着后者的变化而变化，“那些发展着自己的物质生产和物质交往的人们，在改变自己的这个现实的同时也改变着自己的思维和思维的产物”③。意识的发展只具有相对的独立性，意识形态也是受社会

---

1 《马克思恩格斯全集》，第三卷，人民出版社，1960年，第42-43页。
2 《马克思恩格斯全集》，第三卷，人民出版社，1960 年，第 34 页。
3 《马克思恩格斯全集》，第三卷，人民出版社，1960 年，第 30 页。

的物质活动和物质关系所制约的；在阶级社会，意识还受到阶级关系的制约，意识在任何时候都只是被意识到了的存在，而人们的存在就是他们的实际生活过程。恩格斯在评价唯物史观的基本原则时指出："人们的意识决定于人们的存在而不是相反，这个原理看起来很简单，但是仔细考察一下也会立即发现，这个原理的最初结论就给一切唯心主义，甚至最隐蔽的唯心主义当头一棒。"①

第三，唯物史观的基本结构。马克思还初次系统阐释了生产力和生产关系、经济基础和上层建筑之间的辩证关系，制定了唯物史观的基本结构。一方面是生产力和生产关系之间的辩证关系，生产力决定了生产关系，"个人怎样表现自己的生活，他们自己就是怎样，因此他们是什么样的，这同他们的生产是一致的——既和他们生产什么一致，又和他们怎样生产一致"②，"以一定的方式进行生产活动的一定的个人，发生一定的社会关系和政治关系"③。生产关系也反作用于生产力，表现为两者之间的辩证运动，"交往形式的联系就在于：已成为桎梏的旧的交往形式被适应于比较发达的生产力，因而也适应于更进步的个人自主活动类型的新的交往形式所代替；新的交往形式又会变成桎梏并为别的交往形式所代替④"。另一方面，经济基础和上层建筑之间的辩证关系和辩证运动，即"市民社会这一

1 《马克思恩格斯选集》，第二卷，人民出版社，1995 年，第 39 页。
2 《马克思恩格斯全集》，第三卷，人民出版社，1960 年，第 24 页。
3 《马克思恩格斯全集》，第三卷，人民出版社，1960 年，第 29 页。
4 《马克思恩格斯全集》，第三卷，人民出版社，1960 年，第 81 页。

名称始终标志着直接从生产和交往中发展起来的社会组织，这种社会组织在一切时代都构成国家的基础以及任何其他的观念的上层建筑的基础”①，“把同这种生产方式相联系的、它所产生的交往形式即各个不同阶段上的市民社会理解为整个历史的基础，从市民社会作为国家的活动描述市民社会，同时从市民社会出发阐明意识的所有各种不同理论的产物和形式，如宗教、哲学、道德等等，并追溯他们产生的过程”②。以唯物史观的基本概念和基本理论为基础，马克思考察了人类社会的部落所有制、古典古代的公社所有制和国家所有制、封建的或等级的所有制和现代的（资本主义的）所有制等社会形态。

第四，唯物史观的革命本质。马克思在创立唯物史观的基础上，还考察了国家、阶级和革命问题，并指明了新唯物主义的革命本质，“对实践的唯物主义者即共产主义者来说，全部问题在于使现存世界革命化，实际地反对并改变现存的事物”③。马克思指出，阶级的存在是由生产力状况决定的，“受这种生产力所制约的，不能满足整个社会的生产，使得人们的发展只能具有这样的形式：一些人靠另一些人来满足自己的需要，因而一些人得到了发展的垄断权；而另一些人经常地为满足最迫切的需要而进行斗争，因而暂时地失去了任何发展的可能性”④。

---

1 《马克思恩格斯选集》，第二卷，人民出版社，1995年，第131页。
2 《马克思恩格斯全集》，第三卷，人民出版社，1960年，第43页。
3 《马克思恩格斯选集》，第二卷，人民出版社，1995年，第75页。
4 《马克思恩格斯全集》，第三卷，人民出版社，1960年，第507页。

马克思还指出“统治阶级的思想在每一时代都是占统治地位的思想。这就是说，一个阶级是社会上占统治地位的物质力量，同时也是社会上占统治地位的精神力量”①。而且“国家内部的一切斗争，不过是一些虚幻的形式，在这些形式下进行着各个不同阶级的真正的斗争”。马克思还指出了无产阶级革命的必要性，过去的一切革命“不过是在另一些人中间重新分配劳动，而共产主义革命则反对活动的旧有性质，消灭劳动，并消灭任何阶级的统治和这些阶级本身”，“共产主义革命对我们来说不是应当确立的状况，不是现实应当与之相适应的理想。我们所称为共产主义的是那种消灭现存状况的现实的运动”②。

马克思在《德意志意识形态》中不仅表达了唯物史观的一般结构和基本内容，而且表达了丰富的阶级、国家、共产主义等观点。马克思的唯物史观不仅是在批判黑格尔哲学、青年黑格尔派和费尔巴哈的唯心史观等形而上学的基础上形成的，而且明确表达了对作为目的论的历史理想及唯心主义的历史观念的批判，“然而，事情被思辨地扭曲成这样：好像后期历史是前期历史的目的，例如，好像美洲的发展的根本目的就是要促成法国大革命的爆发。于是历史便具有了自己特殊的目的并成为某个与‘其他人物’并列的人物。其实，前期历史的‘使命’、‘目的’、‘萌芽’、‘观念’等词所表示的东西，终究不过是从后期历史中得出的抽象，不过是从前期历史对后期历史发生的积

1 《马克思恩格斯选集》，第二卷，人民出版社，1995年，第98页。

2 《马克思恩格斯选集》，第二卷，人民出版社，1995年，第87页。

极影响中得出的抽象”①。然而马克思的唯物史观作为理论受到现实历史的挑战和检验，20 世纪末的苏东社会主义阵营和社会主义运动的挫折不仅使“马克思主义的终结”“历史的终结”等资本主义自由和民主理论甚嚣尘上，而且受到德里达的形而上学解构，尤其是关于“统治阶级的思想在每一时代都是占统治地位的思想”受到“脱节的时代”的反讽。只有认真检视德里达的解构主义的历史观、详细梳理他呼吁“继承马克思的遗产”的时代背景和理论语境，才能正确看待德里达“向马克思致敬”的政治意义和理论意义。

第二节　德里达的解构主义历史观

在一定意义上，德里达的解构哲学具有寄生的性质，即解构哲学的主题及其内容都是在批判西方形而上学传统的过程中形成和展示的。德里达关于历史的理论同样具有这样的特征。一方面，德里达早期哲学多在纯语言的文字学、符号学层面上进行，讨论的是形而上学的根基问题，甚至德里达对“历史性”的批判也是针对胡塞尔的《几何学的起源》中关于作为一种观念自我生成的历史的批判。另一方面，在德里达看来，解构从一开始就不仅仅要求关注历史，而且从历史出发一部分一部分地对待一个事物，在这个计划内部“意识形态、马克思主义、

1 《马克思恩格斯选集》，第二卷，人民出版社，1995 年，第 88 页。

启蒙思想等的历史都应该接受解构”，解构理论对历史、政治的关注全然不是非历史的，而是别样地思考历史，并表达了“解构是一种认为历史不可能没有事件的方式，就是我所说的‘事件到来’的思考方式”的历史观点。因此，本节关注的是德里达对“历史性”的形而上学批判，以及他的解构主义的历史观点。

一、“历史性”的形而上学批判

胡塞尔的《几何学的起源》目的在于探讨几何学的最初起源结构中人类认识的同一性基础，几何学真理的发现最初是作为个人的经验，既是主观的又是私人的，但是几何学真理在人际传播和历史传承中却具有普遍性、共同性。胡塞尔对几何学的起源的追溯就是要探讨人类认识起源的绝对的先验（超验）性也即真理性。一方面胡塞尔用语言实现了主观经验向客观有效性的转变，即几何学的观念性从其最初的个人之中的涌现之所以能够达到它的观念的客观性，就在于它通过语言的中介；在意识的那个时刻，因为翻译成语言，使得意义被确认了普遍有效性，这使自我意识到的定律也能够被他人意识并被理解。另一方面，胡塞尔用主体间性为几何学的起源提供了心理学的依据，在他看来，我们一旦进入认识领域，也就意识到我们共在的人类的开放的视域。因此胡塞尔的同一性是建立在人类共同语言的基础上，人类的共同语言又是建立在人类的共同视域的基础上。但胡塞尔没有办法阐明共同视域的起源及生成。

在胡塞尔看来，几何学的普遍性、共同性和理想性是使历史性成为可能的基础。这样，他把观念同一性作为历史传递的可能性前提或基础。历史传承始终没有离开源初的明见性，明见性本身就是历史的。一方面，我们处于历史的视域中，其中一切都是历史的。任何说明都不过是历史的揭示而已。就其自身而言，它本质上是一种历史行为，而且作为这样的行为，它在其自身之中以一种本质必然的方式具有历史的视域。另一方面，这种以明见性的同一性传承的历史性也是一种整体性，而且这种整体性在具体的历史传承中总是处于活生生的流动之中，历史性因为具有了当下/在场性，正是源初的明见性使当下的交流和传承形成历史性。由此可见，胡塞尔在追问几何学起源的人类认识统一性基础上，他对历史性的探讨也被赋予了在场形而上学的本质结构，而且这种历史性只是绝对观念（源初本质）自我在场的历史性，是历史作为一种观念自我生成的历史。

德里达对胡塞尔“历史性”的解构首先指出，胡塞尔的历史性实质上只是自我意识的在场，是自我意识的纯粹构造行为，这样的历史不存在发展和变异，没有活生生的当下世界。德里达指出：“意向性在其最深处即在现象学中时间化的纯粹运动中，作为绝对的活的当下在自身中走出自身的出口，正是历史性之根。如果是这样，我们便没有必要询问历史性的含义是什么，在这个词的所有意义上，历史性就是含义”[1]。其次，德里

1　德里达:《胡塞尔〈几何学的起源〉引论》，方向红译，南京大学出版社，2006年，169页。

达否认了历史性。德里达质疑胡塞尔几何学起源的先验结构，通过给这一先验结构配置一个逻各斯的历史性，从而揭示了他的历史性的形而上学实质。最初的含义或先验逻各斯在意义的生成结构里的作用，像是上帝的话语超越被构成的历史，“上帝仅仅自为地是构造性的历史性的极点以及构造性的历史超越论主体性的极点。虽然神之逻各斯的贯穿的历史性或元历史性所穿过并超越的不过是‘业已完成了的’历史‘事实’而已，但逻各斯仅仅是其历史性的纯粹运动”①。第三，德里达一方面拒绝逻各斯的历史性，另一方面他还描述一种时间性的差异的展开，即一种延异的非历史化的历史性，它既没有起源也没有方向，历史性就是延异。当然延异不是一个确实的概念也不构成实体性的历史，但是在此基础上构成话语和历史也不是不可能，反而是历史的必然形式。在此基础上，德里达形成了解构主义的历史观。

二、解构主义的历史观

历史无疑是德里达解构的对象，但解构不是简单的否定和拒绝。德里达解构主义的历史观仍然试图读解历史的真实含义，即历史是如何被建构的？历史在何种意义和程度上确立？在德里达看来，历史只能以延异的方式展开，线性的历史是不存在的。德里达在《多重立场》中强调了他对历史概念的不信任，

1　德里达：《胡塞尔〈几何学的起源〉引论》，方向红译，南京大学出版社，2006年，167页。

他将历史作为一种方法去重新揭示历史的权力。德里达用历史来反对哲学，当与本质主义、观念化的理论和超历史的理解相联系，他维护那些话语和理论假定的历史性。但是另一方面，他总是运用哲学反对历史和历史叙述的主张，正是根据话语的历史性和“意义总是历史地决定的”详细阐述，解构理论在原则上和在实践中达到了对历史的哲学批评和历史理解的双重解构。尽管德里达反对结构主义用结构的共时性来消解历史，但是德里达把历史引入延异领域，同样导致历史的解构，在差异性的领域中历史不过是被运用的原始素材，历史丧失了连续性的主题。

在问及历史的历史性以及是什么允许我们称这些与一种广义历史的现实不相通约的历史为“历史”时，问题在于要表明形而上学的占有的危险是必然的，以及一旦问到概念问题和意义问题或者必然含有危险的本质性问题，它就会迅速发生。一旦提出历史的历史性问题，人们被迫用一种本质的定义和实质的定义来回答，并且重建一个本质属性的系统，这样就导致了要对哲学传统的语义基础进行整修。一种哲学传统最终总是在一个本体论的基础上包括了历史性，因此我们不仅要问什么是历史的“历史性”，而且也要问什么是广义上的“本质的历史”？ 德里达对此的批判认为，必须详细地阐述一种文本活动的战略，即双重表示或双重表达，一方面必须颠覆传统的历史概念，另一方面还要标出间隔，产生一个新的概念化。

德里达明确地反对历史概念中的形而上学性，“从我发表的第一批文本中，我就力图将解构批评系统化，也即反对作为先验所指或者作为目的的意义权威，换言之，也即反对在以上分析中将历史规定为意义的历史，反对在历史的逻各斯中心的、形而上学的、唯心主义的表象中的历史，……我难以理解别人怎么会把作为意义历史的历史概念套到我的头上。事实上，误解的根源可能是这样的：我被当作为我所分析的，也即一种作为观念的、目的论的历史的形而上学历史概念的所有者，等等。”[1] 在德里达看来，形而上学的历史概念就是将历史当作意义的历史：它产生自己、展示自己、完成自己。历史概念的形而上学特征首先与直线性相连，它是以直线的、规律的形式完成历史运动；在否认历史发展的直线性和规律性的基础上，德里达的解构历史观坚持非直线的历史发展线索。其次形而上学的历史概念还与整个内涵系统（目的性、末世学、意义增加和内在化、某种类型的传统性、某种连续性概念和真理概念，等等）相联系。从解构历史概念的形而上学性出发，德里达主张一种“广义的组织置换”，即重新指出“历史”概念的范围，产生出另一个“历史”概念，一种“里程碑”式的、分层次的、矛盾的历史，一种包含着复述和踪迹的新逻辑的历史。

德里达对形而上学历史性的解构，并不是对历史本身的否定和拒绝，在他看来“我的意图并不是将解构的方法同历史的终结或某种非历史性对立起来，而是正好相反，为了证明这个

---

1 德里达：《多重立场》，佘碧平译，三联书店，2004 年，57 页。

本体论暨神学暨本源论暨目的论禁锢、抵消从而最终取消了历史性。因此这就是对另一种历史性问题的思考——不是一种新的历史，更不必说什么新历史主义了，而是作为历史性的事件性的另一个开端，这种历史性允诺给我们的不是放弃，而是相反，容许我们开辟通往某种关于作为允诺的弥赛亚的与解放的允诺的肯定性思想的道路：作为允诺，而不是作为本体论暨神学的或终结目的论暨末世论的程序或计划”[1]。这种观点并不是使历史消失，而是使历史以另一种图谱的形式存在。这样的历史不再是具有起源和中心的历史，也不再是完整的历史，而是由无边的延宕、替换、重复、游戏构成的延异之链。在这种延异的历史观念基础上，德里达赞同阿尔都塞对黑格尔的历史概念的批判：并不存在一种单一的历史，一种广义的历史，而只有在记载它们的型式、律式和模式上的各种不同的历史——相间隔的、有区分的历史。

三、正义的未来与弥赛亚性

德里达解构了历史的线性发展，展开了历史的延异过程，同样德里达解构了历史的目的论暨本体论暨神学的未来，赋予历史未来以绝对的正义性，德里达用法律与正义的关系来阐述历史和未来之间的关系。“谈论某些既不在场，当下也无生命，某些既不会向我们呈现，也不会在我们的内部或外部呈现的其

1　德里达：《马克思的幽灵》，何一译，中国人民大学出版社，2008年，73页。

他东西，那就要借用正义之名[1]。”正义是指未来社会的理想本质，“这并不是为了可以计算的和个别的正义，不是为了法律，也不是为了恢复原样的计算，为了复仇或惩罚的经济学。不是为了可计算的平等，因此不是为了主体或客体的对称和共时的可计算性或可归罪性，不是为了恢复一种限于惩罚、复原和公平处事的正义，而是为了恢复诸如赠礼的不可计算性和他人的非经济的超立场的独特性这样的正义”[2]。正义的问题，这个常常超出法律范围的问题，在其必然性或它的两难困境中，再也不会与赠予的问题无关。“一旦有人认识到了以那赠礼为基础，亦即超越公正、算计和交易来对正义进行思考的力量和必要性，一旦有人因此认识到了把那给予他人的赠礼当作是某人所没有的，因此只能自相矛盾地回到或归属于他人的礼物加以思考的必然性，那不是会有一种把正义的这整个运动铭写在在场的符号之下的危险吗，如果这符号恰好是在场者的意义，是正在出场的事件的意义，是被嵌合于自身的在场的存在以及作为在场的他人的正当物的意义？”[3]法律是向正义的无限接近的旅程，同样历史是向未来无限接近的过程，但“我们必须明白，正义也不会在那里出场，并且永远也不会，在那里有的将只是法律，

1　德里达：《马克思的幽灵》，何一译，中国人民大学出版社，2008年，第2页。

2　德里达：《马克思的幽灵》，何一译，中国人民大学出版社，2008年，第23页。

3　德里达：《马克思的幽灵》，何一译，中国人民大学出版社，2008年，第27页。

在那里正义可以简约为法律或权利”[①]。这种永远处在来临途中的正义，被德里达赋予了“弥赛亚性”的色彩。

德里达在《马克思的幽灵》中，对马克思关于人类自由解放的未来的设想做出新的讨论，代之以“没有宗教的弥赛亚主义，没有弥赛亚主义的弥赛亚性”。这种“弥赛亚性”具有不可解构的特性，德里达将之与正义相联系，“对于所有解构理论而言仍然保持其不可化简性的东西，像解构理论之可能性本身一样具有不可解构性的东西，或许就是关于解放之诺言的某种体验；它或许也是一种结构性弥赛亚理论的烦琐形式，一种没有宗教的弥赛亚理论，甚至是一种没有弥赛亚理论的弥赛亚观念，一种正义的观念——我们将其与法律或权利甚至与人权区别开来的正义——和民主的观念——我们将之与它的流行的概念和它被限定的宾词区别开来”[②]。在德里达看来，永远不会在场的“共产主义的幽灵”，就是没有弥赛亚主义的弥赛亚性，“重要的是它保存了关于解放的诺言和希望，无论诺言究竟许诺了这个或是许诺了那个，无论这诺言究竟兑现了或是没有兑现，抑或他是否根本不能兑现，有些诺言从而有些作为即将来临的未来的历史性却一定有其必然性。没有弥赛亚主义的弥赛亚就是我们为之所起的绰号[③]。我们不仅不能放弃解放的希望，而且有必

1　德里达：《马克思的幽灵》，何一译，中国人民大学出版社，2008年，第2页。

2　德里达：《马克思的幽灵》，何一译，中国人民大学出版社，2008年，第59页。

3　德里达：《马克思的幽灵》，何一译，中国人民大学出版社，2008年，第72页。

要比以往任何时候都更加保持这一希望。德里达同样将马克思主义推向“幽灵化”和异质性的未来，这一观点在《马克思的幽灵》中得到了更为具体的、详细的阐发。

第三节 《马克思的幽灵》中的历史观批判

德里达的《马克思的幽灵》有着突出的时代背景和强烈的时代关怀。20 世纪 90 年代初，随着苏东剧变和世界两极格局的结束，马克思主义及社会主义（共产主义）运动遭遇到巨大挫折，而资本主义市场经济和自由民主制度却越来越盛行和繁荣。1993 年加利福尼亚大学思想与社会中心主办了“马克思主义往何处去”研讨会，会上德里达以《马克思的幽灵》这篇讲演论文对全球化的时代特征和马克思主义的继承发展做出独特的解读。面对资本主义阵营内对市场经济和自由民主制度的乐观情绪，尤其是福山宣扬“历史的终结”行将来临，德里达却敏锐地指出资本主义制度的痼疾和十大灾难，坚定地“向马克思致敬”，继承马克思主义的批判精神和哲学遗产。

但是，德里达在批判福山资本主义自由民主国家模式的“基督教末世论”眼光的同时，也批判了福山对马克思的唯物主义经济决定论的歪曲。在德里达看来，福山形而上学历史观在一系列的二元对立——提出为得到承认而斗争的理论的黑格尔和主张“基督教眼界”有优先地位的黑格尔、依赖于“盎格鲁一撒克逊历史模式"的科耶夫和依赖于"黑格尔之普遍认同的国家理念"的科耶夫、马克思经济决定论的唯物主义和黑格尔关于历史的唯灵论之间徘徊挣扎，根本的问题在于无法处理经验历史和历史理想之间的二元对立。德里达在批判这种同质、连续的形而上学历史观时，提出时代的脱节和断裂、历史本源（历史理想）的非在场、弥赛亚性未来的即将来临等解构主义的历史观点，主张激进化马克思主义的批判和自我批判精神，坚持共产主义作为"非弥赛亚主义的弥赛亚性"的未来。德里达的"解构主义的马克思主义"在特殊的时代背景下对马克思的批判精神的致敬，对于马克思主义具有重要的政治意义和学术意义，另一方面，"弥赛亚性"的未来却把共产主义推向永无在场，使这一面向未来的承诺与责任缺乏实践的历史基础。

一、福山与"历史终结论"

日裔美国社会学者弗朗西斯·福山在1992年发表了《历史的终结和最后的人》，该书为苏东社会主义阵营的崩溃和资本主义市场经济全球化的未来所鼓舞，认为自由民主政体征服了它的敌对的意识形态如那一脉相承的极权制、法西斯主义和最新的共产主义等，将成为地球上不同地区和文化所共同拥有的唯一的政治愿望。在资本主义自由民主阶段，所有的现实性的重大问题都将得到彻底解决，社会历史的基本原则和机制将不会再进一步发展，自由民主制度取得了世界范围的共识和全球范围的扩展，共产主义只不过是人类历史上的一场噩梦、一个幻影或一个幽灵。他宣称："随着资本主义自由民主制度作为人类历史的终极目标的实现，马克思主义已经死了，共产主义已经灭亡，确确实实已经灭亡了，所以它的希望、它的话语、它的理论以及它的实践，也随之一同灰飞烟灭。资本主义万岁，市场经济万岁，经济自由幸甚，政治自由幸甚[1]。因此，福山"历史的终结"既是指马克思主义及其社会主义（共产主义）运动的终结，也指资本主义市场经济和自由民主政体作为未来历史的永恒在场。然而，福山的历史观点既没有坚持时代历史的经验证据，也没有从经验历史到历史理想的有力论证，这种独断主义的"福音书"只能是众多"终结论"主题的脚注和练习，没有逃出主张单质、同一、连续历史的形而上学历史观。

福山《历史的终结和最后的人》用一种貌似高深莫测然而鲁莽轻率的样式，对资本主义或经济与政治的自由主义的胜利、对"社会阶级问题之终结"、对"作为人类政体之终点的西方自由民主制的普及"进行歌颂，独断地肯定"人类之连续的和有目的的历史"将最终导致人类中的大部分走向自由民主制度。德里达用反讽的语气质问，难道我们在这里看到的不是一本新的福音书？这一对过去25年历史的"新福音"式的总结，并没有现实的经验历史的依据，忽视或无视当今社会面临的十大灾难：新市场、新技术和新的全球竞争造成的"新型失业"；对无家可归的公民参与国家的民主生活的权利的大量剥夺；在欧共

1　德里达：《马克思的幽灵》，何一译，中国人民大学出版社，2008年，第52页。

体诸国之间、欧共体与东欧国家之间、欧洲和美国之间，以及欧洲、美国和日本之间的无情的经济战争；在自由市场的概念、规范和现实方面控制矛盾的无能；外债和其他相关机制的恶化使人类的大多数处于饥饿或绝望的境地；军火工业和贸易被列入西方民主国家科学研究、经济和劳动社会化的常规调整范围；核武器的扩散超出了国家控制的范围，也超出了一切公开市场的范围；由一种古老的幻觉或观念，一种共同体、民族——国家、主权、边界、本土和血缘的原始概念的幻觉所驱使的种族间的战争在加剧；黑手党和贩毒集团在世界范围的势力日益增长和没有边界；国际法及其有关机构不仅受到欧洲哲学中国家或民族主权概念的限制，还受到特定的民族——国家的操纵①。

“历史终结论”以及类似的关于终结的主题对于德里达来讲并不陌生，甚至“在20世纪60年代一开始就已经属于这一代哲学家的基本文化的一部分”。德里达一眼就认定了福山的论述和观点带有一种末世论和启示录的派头，并追溯在此之前的一串所谓“现代启示录的正典”，包括黑格尔、马克思、尼采、海德格尔等，最近的则是新黑格尔主义的科耶夫。福山的“历史终结论”只是科耶夫的一位年轻、刻苦然而又是迟到的读者在文科中学中做的练习，甚至抄袭了科耶夫“急迫地作出结论以致不得不忽视或故意无视经验历史现实的缺点”。科耶夫在对美国和苏联所进行了几次比较性的旅游之后，发现在美国“一个

1　德里达：《马克思的幽灵》，中国人民大学出版社，2008年，第79-81页。

'无阶级社会'的所有成员从现在起可以在那里占有他们所喜欢的一切，不必为此付出比他们愿意付出的更多的劳动"，"在世界上，美国的今天预示着全人类之未来的'永恒的在场'"①。科耶夫的这一结论正是对'黑格尔式的——关于"普遍承认"的国家和历史观——历史的终结'的阐释和补益。在政治的"历史终结论"背后，是黑格尔的"绝对知识的完成"的哲学终结论奠定了基础。德里达赞同布朗肖特"哲学自身一直在宣告或实现它自己的终结，不论它把那终结理解为是绝对知识的完成，是与它的实际实现相联系的理论的压制以及所有的价值被卷入的虚无主义的运动，还是最后通过形而上学的终结以及还没有一个名称的另一种可能性的预兆来告示的"②。德里达对福山"历史终结论"的分析和批判，不仅追溯了这一形而上学历史观源自从黑格尔到科耶夫的"普遍承认的国家观"模式，还追溯了福山对于马克思的唯物主义经济决定论模式的理解和歪曲。德里达正是从福山在这两种模式、两种因素之间的对立和断裂上找到了解构的可能。

二、解构"历史终结论"

德里达对福山"历史终结论"的解构和批判，是通过解构

1　科耶夫:《黑格尔导读》，姜志辉译，译林出版社，2005年，第518-519页。

2　转引自德里达:《马克思的幽灵》，中国人民大学出版社，2008年，第36页。

福山“历史之终结和人类终极目标”的资本主义自由民主国家模式背后、形而上学历史观的两种模式之间的关系展开的。德里达认为福山“历史终结论”以及形而上学历史观的本质缺陷在于无法调和经验历史和历史理想之间的二元对立关系。

（一）黑格尔自由国家模式和马克思经济学模式

德里达分析指出，福山所明确主张的自由国家模式“不只是黑格尔的那个模式，即提出为得到承认而斗争的理论的那个黑格尔，而是主张基督教眼界有优先地位的黑格尔的模式”。这一自由国家模式还经由科耶夫的中介，“福山又在科耶的两种姿态之间做出了区别。当科耶夫描述普遍的和均质的国家的完善时，他过分地依赖于洛克，依赖于黑格尔所批判的盎格鲁－撒克逊模式。而另一方面，他（科耶夫）又正确地肯定了战后的美国和欧洲共同体乃是黑格尔之普遍认同的国家理念的具体体现[①]”。因此，福山在“为了承认而斗争”的基督教解释的名义下，批判并修正马克思的经济决定论的唯物主义，认为经济决定论的唯物主义或是现代物理学的唯物主义应当让位于关于福音的唯灵论语言，让位于黑格尔关于历史的、以“为承认而斗争为基础的”非唯物主义的说明。

然而在德里达看来，这唯灵论和唯物主义两种模式在福山的“历史终结论”中非但不是相互对立、相互排斥的，相反，福山主张“普遍而均质的国家，作为历史之终结的国家，应当

1　德里达:《马克思的幽灵》，何一译，中国人民大学出版社，2008年，第60页。

依赖于‘经济学与相互承认这样的双重支柱’”[①]。那么，德里达如何辨析在福山的“历史终结论”中源于马克思的经济决定论模式呢？而这种模式是如何作用和体现的呢？

马克思曾经指出：“统治阶级的思想在每一个时代都是占统治地位的思想。这就是说，一个阶级是社会上占统治地位的物质力量，同时也是社会上占统治地位的精神力量。支配着物质生产资料的阶级，同时也支配着精神生产的资料。”[②] 德里达则指出马克思的这一论断在这脱节的时代被掉转过来反对自己。资本主义的发展和自由民主制度的胜利使得他们的代言人寻求建立新的《世界秩序》，相应的意识形态领域的斗争表现为一种宣告马克思主义的终结、宣告共产主义和世界革命的终结等针对马克思主义的重大密谋和咒语，这种密谋和咒语在当今世界占有统治地位，或说正在走向统治地位。福山的“历史终结论”就是这种诅咒“马克思主义的终结”的话语之一，福山宣扬从资本主义市场经济的经验历史中归纳出了马克思主义的终结和自由民主制度的胜利，马克思的经济决定论模式在这里的作用方式和逻辑功能是极为吊诡的。

（二）经验历史和历史理想

在德里达看来，福山“历史终结论”的失败，不仅在于它

1　德里达：《马克思的幽灵》，何一译，中国人民大学出版社，2008年，第61页。

2 《马克思恩格斯选集》，第一卷，人民出版社，1995年，第52页。

在两种黑格尔模式中选择了基督教末世论的黑格尔模式，在两种科耶夫姿态中选择了普遍、均质的自由国家模式，也不仅在于它选择用黑格尔—科耶夫模式取代马克思唯物主义模式。更本质的问题在于，他无法调和经验历史和历史理想之间的对立关系。这是形而上学历史观的两种模式都具有的缺陷。对于任何历史理论或历史哲学来说，最大的考验莫过于如何处理现实或经验历史与历史（本源）理想之间的关系。它既要满足理论逻辑的自洽性，又必须接受实际历史的检验。是通过归纳分析经验历史来推论历史理想，还是化解经验历史来适应历史理想，两者在真理价值上存在着天壤之别。德里达把经验历史和历史理想之间的关系，概括为历史与自然之间、历史的经验性与目的论的先验性之间、事件的经验实在性与终极目的的绝对理想性之间的关系。

德里达首先指出福山忽视或无视当今时代正在经验的历史灾难，诸如失业，经济战争，自由市场中的矛盾，饥饿和绝望，军火工业和贸易，核武器的扩散，种族战争，国际法名不副实，等等。德里达质问，这些都属于经验历史中的灾难，它们是否仅仅是由“经验性的证据”所认可的“经验性的”现象而已，这些经验的事件或事实的积累是否决不会改变人类中的大部分走向自由民主这一理想的方向？经验历史的苦难对历史的理想目标的“限制为什么以及是否是偶然的或毫无意义的”？德里达批判福山面对经验历史的暧昧态度。福山在指出人类有目的的、连续的历史将导致自由民主的理想目标时，允许人们对每一件经验事实持怀疑态度，却绝不同意人们得出否定的结论。这一暧昧态度不仅没能正确分析和总结现实，而且消解了历史理想的指引作用，最后的结果要么是失去了现实性或有效性，要么是沦为空想。

德里达还批判福山在经验历史和历史理想之间没有一贯的论证逻辑。福山没有坚持一贯的论证方向，仅在作为经验的和推测的观察事件的福音中寻找证据，而且/或是，在作为一种至今尚未企及的调整性的理想的福音中寻找证据。福山还混淆了有效性或现实性与理想性之间的关系，从而在两种不可调和的逻辑之间摇摆不定。“一方面，每当所谓马克思主义国家的失败已成定局这一证明出了问题的时候，每当阻碍我们走向政治经济自由主义的希望之乡的所有障碍已经被彻底清除这一证明出了问题的时候，他需要的是相信一种经验事件的逻辑；然而另一方面，以超历史的和自然的理想的名义，他又对所谓经验事件的这同一个逻辑表示怀疑，于是，他不得不把它悬置起来，以便避免使这个纯洁的理想和它的概念沾染上与之相矛盾的残酷无情的东西：总之一句话，存在于资本主义国家之中，存在于自由主义之中，存在于一个由其他势力所支配的世界之中的，所有的恶，所有不是变得越来越好的东西。”①

在德里达看来，福山陷于经验历史和历史理想的矛盾的主要原因，在于坚持了二元对立的逻辑思维。德里达指出，“而只

1　德里达：《马克思的幽灵》，何一译，中国人民大学出版社，2008年，第67页。

要人们信赖真实在场者或活生生的在场者的真实在场与它的鬼魂般的幻象之间简单的（唯心的、机械的或辩证的）对立，只要人们信赖实际存在的或现实的东西与非实际存在的或非现实的东西之间的对立，也就是说，只要人们信赖某种由与它们自身同一并且与它们自身同时代的在场者之间的连续性联系所形成的一般的时间性或历史的时间性”①，这样的历史观就难以解决经验历史同历史理想之间的对立关系。德里达对这种二元对立逻辑及其决定的形而上学历史观的解构，是通过“幽灵”概念实现了对于必然超越于有效性或现实性和理想性的二元逻辑或辩证逻辑之外的事件的思考，提出了解构主义的历史观。

三、解构主义的历史观和弥赛亚性的未来

德里达把福山“历史终结论”对于黑格尔自由国家模式和马克思经济决定论模式的运用，都归结为形而上学的历史观的表现，这种历史观将历史规定为意义的历史，是逻各斯中心的、形而上学的和唯心主义表象中的历史。德里达解构主义的历史观，既不赞同黑格尔—科耶夫的基督教自由国家模式，也不赞同马克思的经济决定论的唯物主义模式。在他看来，两种模式同样具有“关于历史的不仅是本体论暨神学而且是本源论暨目的论的概念”和“目的论暨末世论的本体论论调”，正是在这里，另一种（解构主义的历史观）关于历史性的思考要求我们

1　德里达:《马克思的幽灵》，何一译，中国人民大学出版社，2008年，第63页。

超越有关历史的形而上学概念和历史的终结[1]。

首先，解构主义的历史观宣告了形而上学历史概念的终结。在德里达看来，“历史的终结”仅仅只是某种确定的历史概念的终结，恰恰是这种形而上学的历史概念的终结，才使解构主义的历史性得以展开：“在同一个地方，在同样的限度内，历史在此完成了，历史之有确定性的概念在此寿终正寝，而正是在那里，历史的历史性开始了，在那里它终于有机会预示自己的到来——允诺自己的存在。在那里，人、关于人的某种有规定的概念，被完成了，而人的纯粹人性，他人的和作为他人的人的纯粹人性，开始了，或者说，终于有机会预示自己的到来——允诺自己的存在”[2]。具体到对福山“历史终结论”的解构和批判，形而上学历史概念的终结，就意味着资本主义自由民主制度作为历史终极目标和理想的终结。经验事实和理想本质之间的断裂从起源上或先验地规定了自由民主制度：“以自由民主制度之建立的失败来衡量，在事实和理想性的本质之间的断裂……也先天地和在定义上规定着一切民主制度——包括所谓西方民主制度中最古老的和最稳定的民主制度——的本质。”[3]德里达解构主义的历史观要求我们永远也不要无视明显的、肉

1 德里达：《马克思的幽灵》，何一译，中国人民大学出版社，2008年，第69页。

2 德里达：《马克思的幽灵》，何一译，中国人民大学出版社，2008年，第72页。

3 德里达：《马克思的幽灵》，何一译，中国人民大学出版社，2008年，第63页。

眼可见的事实的存在，不要在历史终结的狂欢中欢呼自由民主制和资本主义市场的来临，不要庆祝“意识形态的终结”和宏大的解放话语的终结。

其次，解构主义的历史观允诺了作为历史性的事件性，即永远处在来临途中的弥赛亚的未来。德里达的“意图并不是将解构的方法同历史的终结或某种非历史性对立起来，而是正好相反，为了证明这个本体论暨神学暨本源论暨目的论禁锢、抵消从而最终取消了历史性。因此这就是对另一种历史性的问题的思考——不是一种新的历史，更不必说什么‘新历史主义’了，而是作为历史性的事件性的另一个开端，这种历史性允诺给我们的不是放弃，而是相反，容许我们开辟通往某种关于作为允诺的弥赛亚的与解放的允诺的肯定性思想的道路”①。德里达对人类自由解放的未来的设想做出了新的讨论，即“没有宗教的弥赛亚主义，没有弥赛亚主义的弥赛亚性”。德里达解构主义的历史观并不是要求我们放弃自由、正义的理想，而是不在“在场”的意义上讨论历史理想。解构主义的历史观允诺的“即将来临”的民主制度“将把这个存在于其内心深处的、绝对是非决定论的弥赛亚式希望，这个与某个事件的即将来临，而且与某个个体的即将来临，某种不可预测的相容性即将来临的末世论关系，保持在它之内”②。

1　德里达:《马克思的幽灵》，何一译，中国人民大学出版社，2008年，第73页。

2　德里达:《马克思的幽灵》，何一译，中国人民大学出版社，2008年，第64页。

第三，解构主义的历史观用“非弥赛亚主义的弥赛亚性”取代了共产主义的幽灵。德里达指出，马克思设想的“共产主义的幽灵”不仅在《共产党宣言》时没有在场或实存，而且在之后甚至将来都不会到场。马克思、恩格斯《共产党宣言》的“共产主义的幽灵”是已经允诺但仅仅只是允诺了将要到来的幽灵，“在那里的乃是那个幽灵，共产主义的幽灵，而共产主义本身，根据定义并不在那里。那令人畏惧的乃是将要到来的共产主义”[①]。德里达将这种永远不会到场的“共产主义的幽灵”，转变为对一种“没有内容的弥赛亚主义，没有弥赛亚主义的弥赛亚性”的呼吁。重要的是“弥赛亚性”仍然保存了关于解放的诺言和希望。我们不仅不能放弃解放的希望，有必要比以往任何时候都更加保持这一希望，而且作为有必要的坚如磐石的保持而坚持到底。德里达用正义和法律的关系来讨论弥赛亚性“即将来临却永不在场”的矛盾特性，这种“没有弥赛亚理论的弥赛亚观念，一种正义的观念——我们将之与法律或权利甚至与人权区别开来的正义——和民主的观念——我们将之与它的流行的概念和它被限定的宾词区别开来。”[②]这种对于正义和民主的期盼和努力，将作为历史发展的理想目标指引解构理论继续在历史领域挥斥方遒和在实践领域激进行动。

第四，我们必须认识到德里达的解构历史观从来就不是马

1　德里达：《马克思的幽灵》，何一译，中国人民大学出版社，2008年，第37页。

2　德里达：《马克思的幽灵》，何一译，中国人民大学出版社，2008年，第59页。

克思主义，解构主义在摧毁了自由民主的国家模式的同时，也消解了共产主义的未来。解构主义历史观消解了作为历史意义的逻各斯中心的历史理想，认为历史从本源上就是“延异”的，其在未来可能上也是永远不会到场的，也同样解构了社会历史发展的必然规律和社会进步的必然未来，消解了马克思主义唯物史观。德里达的历史观解构了马克思的“社会阶级”理论，并反讽马克思关于“占统治地位的社会阶级主导占统治地位的意识形态”理论被用于资本主义“终结马克思主义”的话语理论。阶级理论的解构使德里达否认马克思经济学决定论，否认生产力和生产关系、经济基础和上层建筑之间的矛盾对社会进步的推动作用。德里达还反对矛盾观念和辩证法思想，认为在这里马克思仍然受到传统形而上学的纠缠。德里达明确表示，继承马克思主义的批判精神，既要同作为本体论、哲学体系，或形而上学体系的，以及作为“辩证唯物主义”的马克思主义区别开，也要同作为历史唯物主义或作为方法的马克思主义区别开，而且同被纳入政党、国家或是工人国际的结构中的马克思主义区别开。德里达的解构的历史观所承认和继承的马克思的遗产，就是而且只是马克思的批判和自我批判的精神，并不接受马克思关于社会历史的任何理论或体系。

参考书目

一、原著

马克思、恩格斯:《马克思恩格斯选集》,中央编译局编译,人民出版社,1995 年

马克思、恩格斯:《马克思恩格斯全集》中央编译局编译,人民出版社,1956—1974 年

马克思、恩格斯:《1844 年经济学哲学手稿》,人民出版社,2000 年

德里达:《胡塞尔哲学中的发生问题》,于奇智译,商务印书馆,2009 年

德里达:《论文字学》,汪堂家译,上海译文出版社,1999 年

德里达《书写与差异》(上、下),张宁译,三联书店,2001 年

德里达:《德里达中国讲演录》,杜小真、张宁编译,中央编译出版社,2002 年

德里达:《解构与思想的未来》,夏可君编校,吉林人民出版社,2006 年

德里达:《友爱政治学及其他》,夏可君编,吉林人民出版社,2006 年

德里达:《马克思的幽灵》，何一译，中国人民大学出版社，2008年

德里达:《多重立场》，佘碧平译，三联书店，2004年

德里达:《胡塞尔＜几何学的起源＞引论》，方向红译，南京大学出版社，2006年

德里达:《多义的记忆》，蒋梓骅译，中央编译出版社，1999年

德里达:《文学行动》，赵兴国译，中国社会科学出版社，1998年

德里达:《宗教》，杜小真译，商务印书馆，2006年

德里达:《一种疯狂守护着思想》，何佩群译，包亚明校，上海人民出版社，1997年

德里达:《德法之争：伽达默尔与德里达的对话》，孙周兴、孙善春译，同济大学出版社

德里达:《声音与现象》，杜小真译，商务印书馆，2001年

胡塞尔:《纯粹现象学引论》，舒曼编，李幼蒸译，商务印书馆，1992年

胡塞尔:《逻辑研究》(第一卷)，倪梁康译，上海译文出版社，1994年

胡塞尔:《逻辑研究》(第二卷第一部分)，倪梁康译，上海译文出版社，1998年

胡塞尔:《哲学作为严格的科学》，倪梁康译，商务印书馆，1999年

胡塞尔:《内时间意识现象学》,杨富斌译,华夏出版社,2000年

胡塞尔:《欧洲科学的危机和与超越论的现象学》,王炳文译,商务印书馆,2001年

海德格尔:《存在与时间》,陈嘉映等译,北京三联书店,1987年

海德格尔:《海德格尔选集》,孙周兴选编,上海三联书店,1996年

海德格尔:《形而上学导论》,熊伟等译,商务印书馆,1996年

海德格尔:《尼采》,孙周兴译,商务印书馆,2003年

索绪尔:《普通语言学教程》,高名凯译,商务印书馆,1980年

福山:《历史的终结和最后的人》,黄胜强译,中国社会科学出版社

二、参考著作

郭建宁:《二十世纪中国马克思主义哲学》,北京大学出版社,2005年

郭建宁:《马克思哲学中国化的当代视野》,人民出版社,2009年

王东、孙承叔:《对<资本论>历史观的沉思》,学林出版社,1988年

王东：《马克思学新奠基》，北京大学出版社，2006 年

王东、丰子义、聂锦芳编：《马克思主义与全球化》，北京大学出版社，2003 年

聂锦芳：《清理与超越：重读马克思文本的意旨、基础与方法》，北京大学出版社，2005

仰海峰：《形而上学批判》，江苏人民出版社，2006 年

仰海峰：《西方马克思主义的逻辑》，北京大学出版社，2010 年

陈学明等：《走进马克思》，东方出版社，2002 年

张立波：《后现代境遇中的马克思》，民族出版社，2002 年

张一兵：《回到马克思》，江苏人民出版社，1999 年

张一兵：《文本的深度犁耕》（第二卷），中国人民大学出版社，2008 年

俞吾金：《重新理解马克思》，北京师范大学出版社，2005 年

俞吾金：《问题域的转换——对马克思和黑格尔关系的当代解读》，人民出版社，2007 年

陈晓明：《德里达的底线》，北京大学出版社，2009 年

陈晓明：《解构的踪迹——历史、话语与主体》，中国社会科学出版社，1994 年

陈晓明：《结构主义和后结构主义在中国》，首都师范大学出版社，2002 年

陆扬：《德里达——解构之维》，华中师范大学出版社，1996 年

陆扬:《后现代性的文本阐释:福柯与德里达》,上海三联书店,2000年

陆扬:《德里达的幽灵》,武汉大学出版社,2008年

尚杰:《德里达》,湖南教育出版社,1999年

尚杰:《解构的文本》,中国社会科学出版社,1999年

尚杰:《精神的分裂——与老年德里达对话》,同济大学出版社,2006年

尚杰:《从胡塞尔到德里达》,江苏人民出版社,2008年

高宣扬:《当代法国哲学导论》,同济大学出版社,2006年

方向红:《生成与解构》,南京大学出版社,2006年

朱刚:《本源与延异》,上海人民出版社,2006年

肖锦龙:《德里达的解构理论思想性质论》,中国社会科学出版社,2004年

方向红:《幽灵之舞》,江苏人民出版社,2010年

柯小刚:《海德格尔和与黑格尔时间思想比较研究》,同济大学出版社,2004年

岳梁:《幽灵学方法批判》,人民出版社,2008年

李振,《解构与解构的马克思主义》,上海人民出版社,2004年

赵天成、李娟芬:《马克思的幽灵与现实》,社会科学文献出版社,2004年

郑敏:《结构—解构视角——语言·文化·评论》,清华大学出版社,1998年

《德里达——解构》，高桥哲哉著，王欣译，河北教育出版社，2001年

《尼采、海德格尔与德里达》，恩斯特·贝勒尔，李朝晖译，社会科学文献出版社，2001年

《德里达》，克里斯蒂娜·豪威尔斯著，张颖、王天成译，黑龙江人民出版社，2002年

《德里达》，克里斯多弗·诺利思著，吴易译，昆仑出版社，1999年

《德里达》，斯蒂芬·哈恩著，吴琼译，中华书局，2003年

《德里达与历史的终结》，斯图亚特·西姆著，王昆译，北京大学出版社，2005年

三、参考论文

杨耕:《德里达：从解构主义转向马克思主义》,《哲学研究》，2000年第5期

聂锦芳:《思想的传承、决裂与重构》(下),《河北月刊》，2006年，第5期

聂锦芳:《观念能否解释历史：施蒂纳与马克思》,《哲学动态》，2008年第4期

仰海峰:《从实践到一定的社会关系》,《理论探讨》，1998年，第2期

仰海峰:《马克思哲学的三大主题》,《学术月刊》，2007年，第7期

四、外文著作

Wood David， Derrida: A critical reader, UK: Blackwell, 1992

Bennington · Geoffrey, Jacques Derrida, University of Chicago Press, 1993

The Cambridge introduction to Jacques Derrida, Cambridge University Press, 2007

Cohen Tom, Jacques Derrida and the humanities: a critical reader New York: Cambridge University Press, 2001

Bloom Harold, Deconstruction and criticism, New York: Seabury Press, 1979

Howells Christina, Derrida: deconstruction from phenomenology to ethics Malden, MA : Blackwell, 1998.

Sprinker Michael, Ghostly demarcations: a symposium on Jacques Derrida's Specters of Marx,

I. Harvey, Derrida and the Economy of Difference, Bloomington, 1986

C. M. Johnson, System and Writing in the Philosophy of Jacques Derrida, Cambridge, 1993

C. Howells, Derrida: Deconstruction from Phenomenology to Ethics, Malden, 1999

T. Clark, Derrida, Heidegger, Blanchot: Sources of Derrida's Notion and Practice of Literature, Cambridge, 1992

J. Culler, On Deconstruction: Theory and Criticism after Structuralism, Ithaca, 1982

McLachlan Ian, Jacques Derrida: critical thought Burlington, VT: Ash gate, 2004

Sturrock John. Structuralism and since: from Levi Strauss to Derrida Oxford University Press, 1979

McKenna, William R. Derrida and phenomenology Kluwer Academic Publishers, c1995

Barnett Stuart, Hegel after Derrida New York: Rout ledge, 1998.

Gauche Rudolph, Inventions of difference: on Jacques Derrida, Harvard University Press, 1994.

Apaport Herman, Heidegger & Derrida: reflections on time and language, University of Nebraska Press, c1989

Protevi John, Time and exteriority: Aristotle, Heidegger, Derrida, London: Associated University Presses, c1994

Wortham Simon, Encountering Derrida: legacies and futures of deconstruction, New York: Continuum, 2007

Jennings Theodore， Reading Derrida/thinking Paul: On Justice Stanford University Press, 2006

Leonard Philip， Nationality between post-structuralism and postcolonial theory : a new cosmopolitanism, New York : Palgrave Macmillan, 2005

Michael Ryan, Marxism and Deconstruction: a Critical

Articulation, the Johns Hopkings University Press, 1982

Gordon Hull, The Jewish question revisited: Marx, Derrida and ethnic nationalism, Philosophy Social Criticism, Mar 1997; 23: 47 - 77

David R. Dickens, Deconstruction and Marxist Inquiry, Sociological Perspectives, Vol. 33, No. 1, Critical Theory (spring, 1990), pp. 147–158

George Lafferty, Debating Specters: Marx, Deconstruction, and the Challenge of Reconstruction, Review of Radical Political Economics, Mar 2002; 34: 79 - 91